Schülerhilfe®
Das Original. Seit 1974.

FERIEN-LERN-SPASS

Mach dich fit für die 5. KLASSE

Das Wichtigste der **4. Klasse**

Deutsch • Mathe
Englisch

Bildnachweis:

stock.adobe.com: © Alexander Limbach, © Artenauta, © brgfx, © chitnucha, © Christine Wulf, © Colorlife, © cosmic_pony, © Drobot Dean, © grgroup, © irina_levitskaya, © JackStock, © kaisorn, © kazy, © lubashka, © merklicht.de, © nadzeya26, © notkoo2008, © oldesign, © Pixel-Shot, © reginast777, © senoldo, © Tartila, © teploleta, © Tierney, © tofang, © TOMOOO, © Yael Weiss, © yuravector, © yusuf

Weitere Illustrationen: Designed by freepik.com: © 0melapics, © brgfx, © Freepik, © ilonitta, © macrovector, © Milano83, © pikisuperstar, © rawpixel.com

Claudia Bichler, Weyarn: S. 15, 23, 62; Nadine Bougie, Viersen: S. 37, 52; Mo Büdinger, München: S. 37; Andreas Florian, Lübeck: S. 55; Steffen Jähde, Sundhagen: S. 20, 26, 46, 62; Veronika Mischitz, Esslingen: S. 55; Sven Palmowski, Barcelona: S. 26, 37, 39, 46, 40, 52, 62; Katja Rau, Berglen: S. 11, 33, 37, 52, 59, 62, 65; Silke Reimers, Mainz: S. 33, 37, 47, 59; Alexa Riemann, Hattingen: S. 47, 52, 65; Archiv: S. 26

Umschlagmotive: stock.adobe.com: © fejas, © irina_levitskaya, © kaisorn, © leitis, © lightgirl, © Limolida Studio, © lubashka, © reginast777, © ssstocker

by Naumann & Göbel Verlagsgesellschaft mbH
Emil-Hoffmann-Straße 1, D-50996 Köln

Autoren:
Deutsch: Angelika Füllemann/Ursula Lassert,
Englisch: Merle Kamitz,
Mathematik: Hans Bergmann/Detlev Heuchert,
Lern-Spaß-Aufgaben: Dr. Anne Scheller

Redaktion:
Oliver Christian Weber

Gesamtherstellung:
Naumann & Göbel Verlagsgesellschaft mbH, Köln

ENDLICH FERIEN!

Hallo, liebe Beinahe-Fünftklässler!

Vor euch liegen die Sommerferien – jede Menge Zeit, um zu spielen und zu bauen, zu quatschen und einfach nur die Zeit zu genießen.

Damit in der 5. Klasse alles glatt geht, haben wir uns dieses Heft ausgedacht. Damit könnt ihr die wichtigsten Inhalte der vergangenen 4. Klasse – in den Fächern Deutsch, Englisch und Mathematik – wiederholen. Und weil Ferien sind, ist das längst nicht alles: Zwischendurch erwarten euch lauter abwechslungsreiche und verrückte Ideen zum Malen, Basteln, Rätseln und Spielen, zum Beispiel ein Steckbrief für beste Freunde, ein Rezept für Popcornkuchen und ein Zauberstab zum Selberbasteln.

Viel Spaß in den Ferien!

Liebe Eltern!

Ferien dürfen Spaß machen, voller Freiheiten, Spielspaß und auch Langeweile sein. Damit der Stoff vom letzten Schuljahr nicht vollkommen verloren geht, finden Sie in diesem Heft die wichtigsten Inhalte der 4. Klasse in den Fächern Deutsch, Englisch und Mathematik zum Üben und Wiederholen – ganz abwechslungsreich gemischt. Die Lösungen am Ende des Buches helfen dabei, den Lernerfolg zu kontrollieren.

Der Clou aber sind die zahlreichen Sonderseiten mit Spiel-, Bastel- und Rezeptideen zwischen den Lerneinheiten. Sie sorgen dafür, dass das Feriengefühl niemals verloren geht. So lernt Ihr Kind fast wie von selbst!

Nomen, Satzanfänge, Tageszeiten

Umgezogen

Gerade wurde der letzte Stuhl hereingetragen. Der Umzug war beendet. Zum Glück war er heute Morgen schnell und problemlos abgelaufen. Glücklich schaute sich die Familie Piper in ihrem neuen Haus um. Der Abschied aus der engen alten Wohnung war nicht schwer gefallen. In dieser neuen Umgebung fühlten sich auch Lisa und Mark viel wohler. Morgen Nachmittag würden sie Pläne für die Bepflanzung des riesigen Gartens machen. Sie wollten Blumen, Sträucher und Bäume pflanzen. Und vielleicht würde dort sogar bald ein Hund herumlaufen. Das wäre besonders schön!

☆ Unterstreiche oben im Text alle Wörter, die großgeschrieben sind.

☆ Schreibe ins Heft, welche Arten von Wörtern im Text großgeschrieben sind. Die Silben nebenan helfen dir.

ge an No Satz Na fän men

☆ Schreibe die beiden Tageszeiten aus dem Text heraus.

heute ________________ morgen ________________

Pronomen

Schreibe die Pronomen heraus.

____

____

mein dir euch Blume wir es ich dich uns dein Wiese Baby gehen Kinder sie du Buch Haus Garten er ihr

Das kleine Einmaleins

☆ Multipliziere immer nebeneinanderstehende Zahlen. Schreibe die Ergebnisse in die leeren Felder.

Beispiel:
2 · 3 = 6, 3 · 4 = …

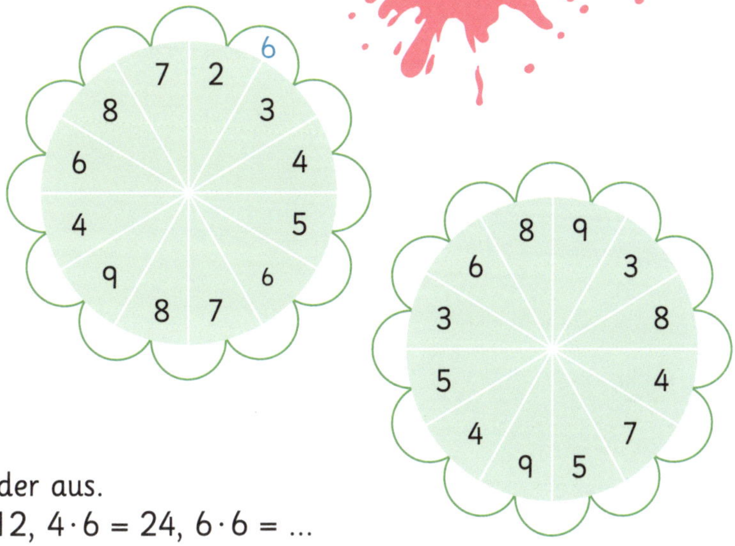

☆ Fülle diese Rechenräder aus.
Rechne so: 2 · 6 = 12, 4 · 6 = 24, 6 · 6 = …

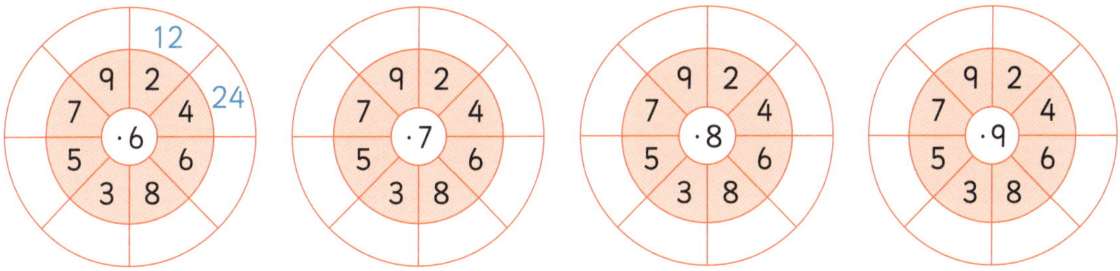

☆ Na, bist du noch fit? Weiter geht es mit Dividieren!
Rechne so: 54 : 6 = 9, 18 : 6 = …

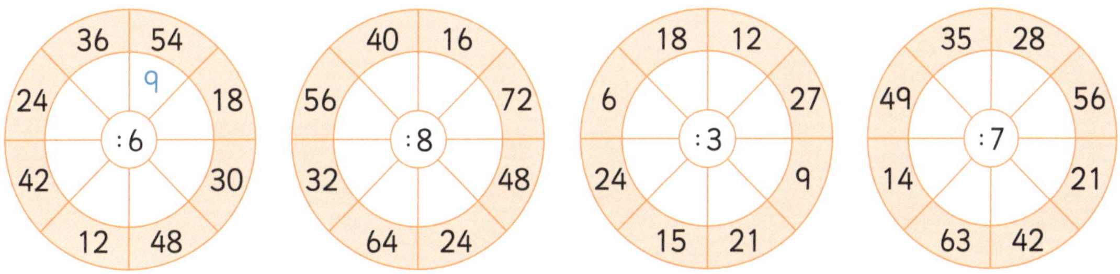

What's your name?
How are you?

☆ Fülle die Lücken aus.

I'm | Hi | morning | name | thanks | What's | Good | are | Goodbye

Hi Sarah!	______________ Linda!
Good ______________ Sally!	______________ morning, Liz.
What's your ______________?	Tom.
How ______________ you?	I'm fine, ______________.
Goodbye, Lisa.	______________, Max.
______________ your name?	______________ Jill.

☆ Bringe die Wörter in die richtige Reihenfolge.

I'm | thanks. | fine,

____

you, | How | are | Max?

____

name? | What's | your

____

Wörter mit dem ks-Laut

Hier findest du sogar viermal den gleichen Laut unterschiedlich geschrieben. Ordne die Wörter richtig ein.

chs: ______________________________

____

cks: ______________________________

____

ks: ______________________________

____

x: ______________________________

____

Nixe Keks Max fix Lachs Koks wachsen Axt Klecks sechs Ochse Wachs boxen Dachs Felix Achsel Hexe Fuchs links Alexandra Eidechse Knicks

Wörter mit ß oder ss

Ordne die folgenden Wörter.

fressenstraßegassegraswassergroßschlossfußmüssenglas

grußschlussgießentasseweißhausnasslosstraußspaß

s: ______________________________

____

ß: ______________________________

____

ss: ______________________________

____

FREUNDE FÜR IMMER

Zusammen mit deinem besten Freund oder deiner besten Freundin kannst du diese Seiten ausfüllen: du die linke, er oder sie die rechte. Und dann guckt mal, was der/die andere geschrieben hat!

Meine Seite

mein Name: ______________________

Das ist mein bester Freund/
meine beste Freundin: ______________________

Wir kennen uns seit: ______________________

Hier treffen wir uns:
☐ Schule ☐ Sportverein ☐ zu Hause ☐ ______________________

Das machen wir am liebsten zusammen:
☐ drinnen spielen ☐ draußen spielen ☐ toben ☐ ______________________

Ich mag ihn/sie, weil ______________________
____

Er/sie mag mich, weil ______________________
____

Meine Lieblingsfarbe: ______________________

Lieblingsfarbe meines Freundes/meiner Freundin: ______________________

Mein Lieblingstier: ______________________

Lieblingstier meines Freundes/meiner Freundin: ______________________

Mein Lieblingsspielzeug: ______________________

Lieblingsspielzeug meines Freundes/
meiner Freundin: ______________________

Die Seite meiner Freundin/meines Freundes:

mein Name: ____________________

Das ist mein bester Freund/
meine beste Freundin: ____________________

Wir kennen uns seit: ______________

Hier treffen wir uns:

☐ Schule ☐ Sportverein ☐ zu Hause ☐ ______________

Das machen wir am liebsten zusammen:

☐ drinnen spielen ☐ draußen spielen ☐ toben ☐ ______________

Ich mag ihn/sie, weil ______________________________
____
____

Er/sie mag mich, weil ______________________________
____
____

Meine Lieblingsfarbe: ______________

Lieblingsfarbe meines Freundes/meiner Freundin: __________

Mein Lieblingstier: ______________

Lieblingstier meines Freundes/
meiner Freundin: ______________

Mein Lieblingspielzeug: ______________

Lieblingspielzeug meines Freundes/
meiner Freundin: ______________

Mathe

Rechenvorteile finden und nutzen

Du kannst leichter addieren bzw. subtrahieren, wenn jeweils eine Zahl eine **reine Zehnerzahl** ist. Dazu darfst du die **Aufgaben geschickt verändern.** Aber natürlich nur so, dass die Ergebnisse richtig bleiben.

Beispiele:

56 + 38 = **94**
(56 – 2, 38 + 2)
54 + 40 = **94**

56 – 38 = **18**
(56 + 2, 38 + 2)
58 – 40 = **18**

☆ Mache eine Zahl zur Zehnerzahl und löse die Aufgaben.

39 + 45 = ☐
(39 + 1, 45 – 1)
40 + ☐ = ☐

168 + 25 = ☐
(☐, ☐)
☐ + ☐ = ☐

41 + 58 = ☐
(☐, ☐)
☐ + ☐ = ☐

72 – 34 = ☐
(☐, ☐)
78 – ☐ = ☐

186 – 49 = ☐
(☐, ☐)
☐ – ☐ = ☐

96 – 58 = ☐
(☐, ☐)
☐ – ☐ = ☐

☆ Rechne geschickt auf einem Blatt.

a)	b)	c)
69 + 25	95 – 38	37 + 59
76 + 28	127 – 99	176 – 68
139 + 46	259 – 63	219 + 76

Englisch

Colours and numbers

☆ Lies und male die Zahlen an.

Number six is blue.
Number three is black.
Number one is red.
Number ten is yellow.
Number two is orange.
Number four is green.
Number seven is grey.
Number five is pink.
Number eight is brown.
Number nine is purple.

1 2 3 4 5 6 7 8 9 10

☆ Schreibe die richtige Zahl und Farbe auf.

three pink ______ apples

______ apples

______ apples

______ apples

______ apples

______ apples

Wörter mit verschiedenen Dehnungsarten

Die **doppelten Vokale** aa, ee, oo und die Doppellaute au, äu, ai, ei, eu werden **lang** gesprochen. Sie gelten als ein Laut und dürfen nicht getrennt werden.

☆ Löse dieses Rätsel mit den aa-, ee-, oo-Wörtern.

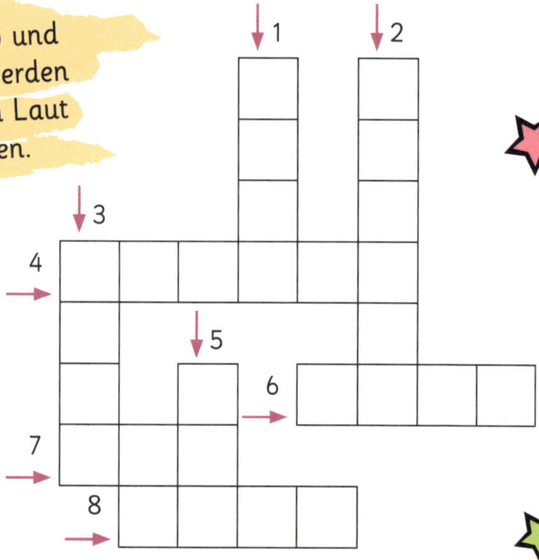

1. Es wächst auf deinem Kopf.
2. Es fällt im Winter.
3. Kleines Schiff
4. Kleine Früchte
5. Märchenfigur
6. Gegenteil von voll
7. Getränk
8. Blumen pflanzt man in ein ...

Fast alle Wörter mit äu haben Verwandte mit au (Mäuse – Maus).

☆ Verbinde die verwandten Wörter, wenn möglich.

feurig	bäuerlich	säubern	feucht	Häuschen
anfeuchten	Feuer	Haus	Bauer	sauber

☆ Welche Wörter verstecken sich hier?

mainzhaimaismaikailaie

a) eine Getreideart ____________

b) ein Nichtfachmann ____________

c) der 5. Monat im Jahr __________

d) eine Hafenmauer ____________

e) eine Fischart ____________

f) eine Stadt am Main ____________

Das ist ja ZAUBEREI!

Zaubern wäre manchmal super, oder? Die Aufgaben fertig zaubern … die beste Freundin aus dem Urlaub zurück … oder die Sonne an den Himmel. Mit dem Zauberstab kannst du es versuchen. Vielleicht klappt es ja!

SO BASTELST DU DEINEN ZAUBERSTAB:

1 Diese Seite herausreißen (aber nur wenn du alle Aufgaben auf Seite 14 erledigt hast!).

2 Seite fest aufrollen (Sterne außen). Dabei ein Stöckchen oder Rundholz (1 cm dick und 20 cm lang) einrollen.

3 Rand der Papierrolle festkleben.

4 Ein Ende als Griff mit farbigem Klebeband umwickeln.

Mathe

Schriftliche Addition

☆ Rechne.

a)

	4	7	1	2
+		8	5	6
+	2	1	7	3

b)

		7	0	4
+	1	2	5	6
+	2	5	7	9

☆ Sind hier die Zahlen zum Addieren richtig untereinandergeschrieben?
Schreibe die Aufgaben richtig auf und rechne sie.

	4	2	1	5
+	3	1	7	
+	4	8		
+	1	0	5	7

	3	0	1	9
+		7	9	
+	1	0	9	
+	1	4	3	2

☆ Addiere diese Zahlen in deinem Heft. Achte beim Aufschreiben darauf, dass Einer unter Einern, Zehner unter Zehnern usw. stehen.

a) 4125, 173, 892, 1708
b) 821, 3710, 210, 1765
c) 1251, 28, 108, 4205

☆ Findest du die fehlenden Ziffern?

a)

	2		3	1
+	1	6	7	
+	5	2		7
		3	1	7

b)

	3			1
+		9	7	6
+	5	4	3	2
		8	2	

c)

			8	1
+	3	8	7	
+	1	5		7
	8	2	2	0

In my school bag

☆ Kreuze das richtige Bild an.

On my desk there are three pencils, two pens, four books and two erasers. On my desk there is one pencil sharpener and one ruler.

1 ☐

2 ☐

3 ☐

4 ☐

☆ Fülle das Kreuzworträtsel aus.

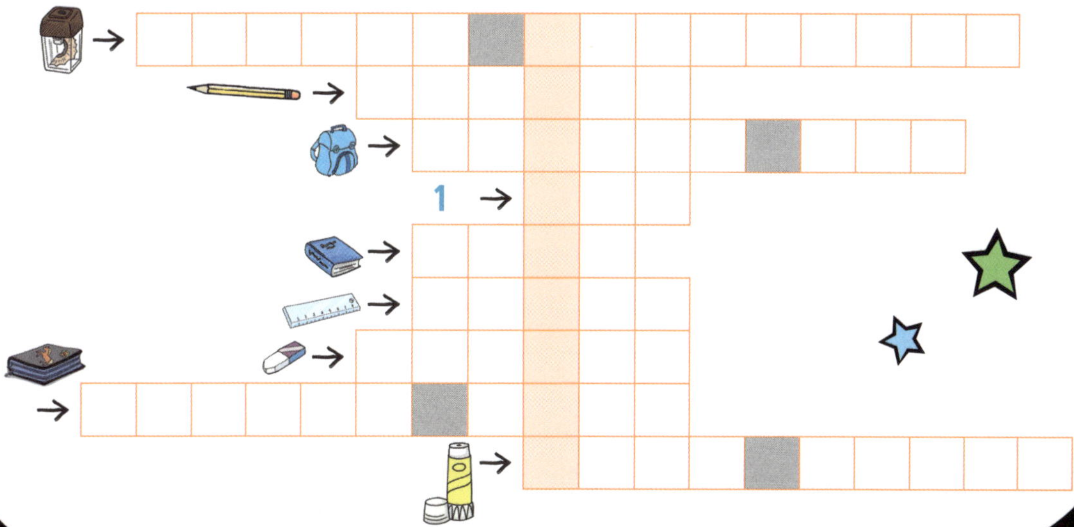

Wörter mit b, d, g und p, t, k im Auslaut

☆ Wie heißt die Grundform?

Zwerge – __________ wilder – __________ stärker – __________
bunter – __________ Winde – __________ Hefte – __________
Räder – __________ breiter – __________ ärger – __________

Wenn du nicht weißt, ob ein Wort auf b, d, g oder p, t, k endet, dann verlängere es.

Bei Nomen bildest du den Plural (Berg – Ber**ge**), bei Adjektiven die 1. Vergleichsstufe (lustig – lusti**ger**) und bei Verben den Infinitiv (gib!, gibt – ge**ben**).

☆ Setze in den Plural und ergänze den fehlenden Buchstaben.

Bur___ – __________________ Schran___ – __________________
Wal___ – __________________ Ban___ – __________________
Die___ – __________________ Hu___ – __________________

☆ Ordne die Nomen im Singular aus Aufgabe 1 und 2 dem Alphabet nach.

____

____

☆ Ergänze die dritte Person Singular.

schreiben – er __________________ halten – sie __________________
gehen – es __________________ spielen – er __________________

Die Verben enden in der dritten Personalform immer auf t (er geh**t**).

Schriftliche Subtraktion

Beispiele

Löse diese Aufgabe:

6 243 – 568 = ________

Schreibe so:

	6	2	4	**3**
–		5	6	**8**
	1	1	1	
	5	6	7	**5**

Rechne so: Du fragst dich: „Wie viele fehlen von 8 auf 3?“ Antwort: „Geht nicht. Ich muss 3 erhöhen um 10. Also: Wie viele fehlen von 8 auf 13?“ Diese ergänzte Zahl betonst du, schreibst sie hin und auch den Überschlag.

8 + 5 = 13 ⟶ **5** hinschreiben, **1** übertragen
1 + 6 + 7 = 14 ⟶ 7 hinschreiben, 1 übertragen
1 + 5 + 6 = 12 ⟶ 6 hinschreiben, 1 übertragen
1 + 5 = 6 ⟶ 5 hinschreiben

☆ Rechne auf einem Blatt.

a) 7 234 – 4 356
8 137 – 495
6 271 – 1 350

b) 2 514 – 946
3 214 – 2 931
4 953 – 948

c) 2 341 – 1 246
7 921 – 4 302
4 040 – 149

☆ Wo wurde falsch gerechnet?
Suche die Fehler und rechne die Aufgaben richtig aus.

a)

	7	8	8	5
–	5	7	9	8
	2	1	8	3

b)

	4	7	6	3
–		9	8	4
	3	8	7	1

c)

	5	0	0	7
–	3	2	1	8
	2	8	8	9

☆ Suche die fehlenden Ziffern. Kontrolliere dein Ergebnis, indem du die Subtraktion ausführst.

a)

		8		
–	3		4	7
	2	5	6	3

b)

	1		4	3
–		7		8
		0	7	

Rasendes RECHENBILD

Zaubere aus Mathe ein lustiges Bild! Du musst nur die Aufgaben ausrechnen und die Ergebnisse im Bild verbinden, immer hübsch in der Reihenfolge der Aufgaben. Der Start ist oben. Worin sitzt das Einhorn?

370 – 359 = ____
32 : 16 = ____
39 : 13 = ____
2 x 12 = ____
200 : 4 = ____
83 – 7 = ____
210 – 206 = ____
64 : 8 = ____
4 + 59 = ____
100 : 4 = ____
44 + 17 = ____
2 x 6 = ____
27 – 13 = ____
28 : 1 = ____

19 + 16 = ____
7 x 7 = ____
30 – 13 = ____
3 x 9 = ____
38 : 2 = ____
435 – 341 = ____
10 x 3 = ____
66 : 3 = ____
71 – 56 = ____
48 : 8 = ____
99 + 15 = ____
110 : 10 = ____

TIPP

Du magst gerade nicht rechnen?
Dann male doch erst einmal
die kleinen Bilder aus!

Where's the ruler?

Verbinde.

in

on

under

next to

in front of

behind

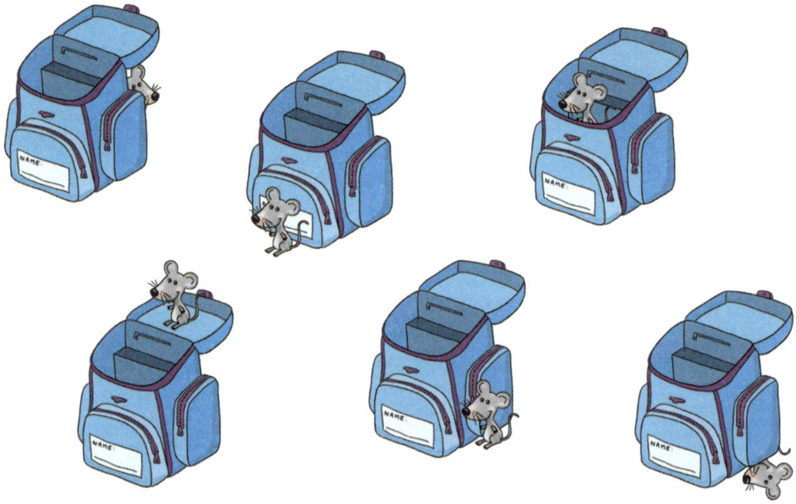

Kreuze die richtige Lösung an.

	right	wrong
The desk is in front of the window.		
The school bag is under the desk.		
The book is in the school bag.		
The door is next to the desk.		
The chair is behind the door.		
The pencil case is on the desk.		

Nomen für Lebewesen, Dinge und gedachte Dinge

Leon und sein Vater schlendern durch eine große Stadt in Marokko. Sie laufen durch viele enge Gassen. Schließlich erreichen sie einen kleinen Marktplatz. Es duftet nach Blüten, Früchten und Gewürzen. Kunstvoll aufgeschichtete Apfelsinen, Aprikosen, Datteln und Feigen können gekauft werden. Ein schwer beladener Esel sucht sich seinen Weg. Kleine Jungen drängeln sich mit Kisten auf den Köpfen durch die Menschenmenge. Leon ist zutiefst beeindruckt von den Geräuschen, den Düften und dem unglaublichen Gedränge.

☆ Unterstreiche im Text die Nomen im Singular grün, die Nomen im Plural rot.

☆ Ergänze den Artikel. Dann bilde den Plural.

das	Haus	–	die Häuser	_____	Pferd	–	__________
_____	Schloss	–	__________	_____	Birne	–	__________
_____	Gans	–	__________	_____	Tisch	–	__________
_____	Dose	–	__________	_____	Delfin	–	__________

☆ Kreise die Nomen ein, die für gedachte Dinge (Eigenschaften, Gedanken, Gefühle) stehen.

Dummheit Dach
Freude Glück Wiese Trotz Angst Blume
Klugheit Stock Taste
Bleistift Pony Lampe Computer
Wolke Frechheit
Schirm Maus Hoffnung Hund Liebe

Mathe

Schriftliche Multiplikation

☆ Rechne schriftlich.

a)

2	1	4	6	·	2	3

b)

	7	4	3	·	8	6

☆ Rechne auf einem Blatt und notiere hier die Lösungen.

a) 2502 · 3 = ______ b) 2520 · 3 = ______ c) 2052 · 3 = ______

1046 · 7 = ______ 2008 · 9 = ______ 3040 · 7 = ______

☆ Rechne nach! Zwei Rechnungen sind falsch. Berichtige sie.

a)

4	0	2	5	·	2	6
		8	2	5	0	
		2	4	1	5	0
	1	0	6	6	5	0

b)

1	0	0	9	·	2	4
		2	0	1	8	
			4	0	3	6
		2	4	2	1	6

c)

3	1	0	4	·	3	5
		9	3	1	2	
		1	5	5	2	0
	1	0	8	6	4	0

d)

7	0	2	0	·	7	4
	4	9	1	4	4	
			2	8	8	0
	4	9	4	3	2	0

Achte auf Nullen! Bei Aufgaben mit Nullen können sich leicht Fehler einschleichen.

Denke daran: 3 · 0 = 0 ... Ist ein Faktor **0**, so ist auch das Ergebnis **0**. **Beispiel:** 1602 · 4

~~falsch: 1602 · 4 / 648~~

richtig: 1602 · 4 / 6408

☆ Kannst du herausfinden, welche Zahlen hier fehlen?

a)

4	2	5	3	·		
				5	3	
					6	5

b)

2	1			·	3	5
			3	9	3	

My perfect outfit

☆ Lies den Text.
Male die Kleidung des
Mädchens passend an.

This is Alice.
Her T-shirt is red.
Her trousers are black.
Her cap is yellow and red.
Her trainers are green
and white.
Her scarf is green.

☆ Male nun ein Bild von dir.
Schreibe Sätze über dein Outfit.

____

____

____

____

____

! Beginne die Sätze so:
My jumper is …
My shoes are …

Lust auf Fingersport?

FINGER KÖNNEN NICHT SPORTLICH SEIN? GLAUBST DU! DANN PROBIERE MAL DIESES SPIEL AUS. DEINE FINGER WERDEN STAUNEN ...

SPIELREGELN:

1 Spielt zu dritt, einer ist der Spielleiter. Legt das Spielfeld (nächste Seite) zwischen die Spieler.

2 Der Spielleiter tippt mit einem Finger blind auf die Hand oben auf dieser Seite, danach – ebenfalls blind – auf die Farbkleckse. Dann sagt er beides laut:

first finger pink

3 Die Spieler setzen den angegebenen Finger auf ein Feld in der passenden Farbe. Welche Hand sie wählen, ist egal. Sie können mit beiden Händen gleichzeitig spielen.

4 Der Spielleiter tippt wieder und gibt eine neue Anweisung. Die Spieler befolgen sie. Der Finger aus Nummer 2 bleibt liegen, es sei denn, er muss laut Anweisung bewegt werden.

5 Wenn ein Spieler einen Fehler macht (ein falsches Feld berührt, ein Feld loslässt), bekommt er einen Strafpunkt. Am Schluss gewinnt, wer die wenigsten Punkte hat.

orange

blue

SPIELPLAN:

Verben

Setze die Verben in die vier Zeitformen.

Grundform	Präsens	Imperfekt	Futur
laufen	ich laufe	ich lief	ich werde laufen
malen			
wandern			
schlafen			

Adjektive

☆ Vergleiche mit als (groß, spitz, dick, hoch).

Der Turm ist ______________

______ das Haus.

Die Nadel ist ______________

______ der Bleistift.

Timo ist größer als Klaus.

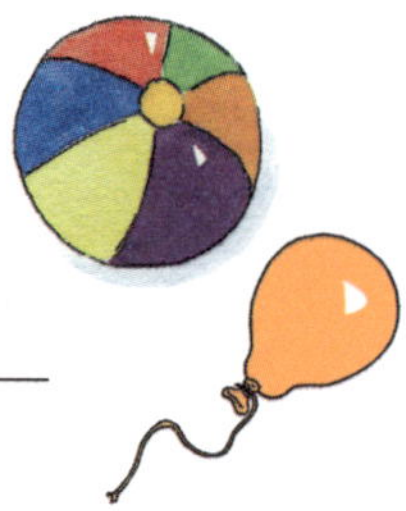

Der Ball ist ______________

______ der Luftballon.

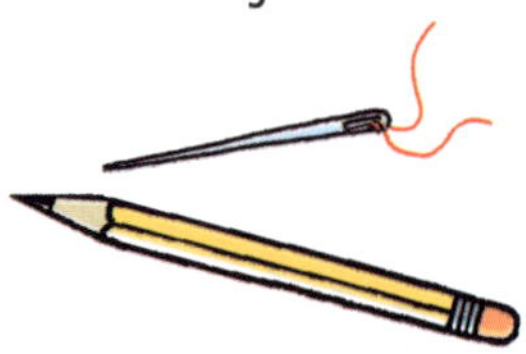

☆ Jan vergleicht seine Familie mit Tieren.
Vergleiche mit wie (dumm, fleißig, listig, stark).

Mein Vetter ist so _____________ _____ ein Fuchs. Meine Mutter ist so _____________ _____ eine Biene. Mein Vater ist so _____________ _____ ein Bär.

Mathe

Schriftliche Division ohne Rest

☆ Die Aufgabe 9576 : 7 kannst du so lösen:

9576 : 7 = ________

	9	5	7	6							
–	7	0	0	0	→			**1**	**0**	**0**	**0**
	2	5	7	6							
–	2	1	0	0	→		+		**3**	**0**	**0**
		4	7	6							
–		4	2	0	→		+			**6**	**0**
			5	6							
–			5	6	→		+				**8**
				0				**1**	**3**	**6**	**8**
		9	5	7	6	:	7	=	1	3	6	8

☆ Löse ebenso:

6152 : 4 = ________

6 1 5 2 : 4 =

☆ Rechne auf einem Blatt.

a) T H Z E   T H Z E
8 5 2 6 : 6 = ________

b) T H Z E   T H Z E
6 7 8 0 : 4 = ________

c) T H Z E   T H Z E
6 1 5 2 : 4 = ________

d) T H Z E   T H Z E
6 3 4 9 : 7 = ________

Beispiel:

Schriftlich dividierst du so. Die Stellenwertbezeichnungen helfen dir:

T	H	Z	E				T	H	Z	E
9	5	7	6	:	7	=	**1**	**3**	**6**	**8**
7							↑			
2	5									
2	1							↑		
	4	7								
	4	2							↑	
		5	6							
		5	6							↑
			0							

Zerbrich dir (nicht) die ZUNGE

Kennst du Zungenbrecher? Das sind Sprüche, bei denen man sich fast immer verspricht – besonders, wenn man sie schnell sagen möchte. Übe doch mal diese Zungenbrecher! Je schneller du sie fehlerfrei schaffst, umso besser.

Flugs huscht der Fuchs zum Hummelbusch. Zum Hummelbusch huscht flugs der Fuchs.

Zwanzig ganze Wanzentänzer schwänzeln zwanzig ganze Wanzentänze.

Bei Bäcker Sepp Geppert scheppert's Blech. Scheppert's Blech bei Bäcker Sepp Geppert?

Fischers Fiete frisst frische Fischfrikadellen. Frische Fischfrikadellen frisst Fischers Fiete.

In einem Schokoladenladen malen Schokoladenmaden braune Schokoladengeraden.

Wenn Dackel hinter Dackeln dackeln, dackeln Dackel Dackeln nach.

My family

☆ Fülle die Lücken aus.

uncle	sister	grandpa	aunt	grandma

She is my father's mother. She is my ______________________.

He is my mother's brother. He is my ______________________.

She is my mother's sister. She is my ______________________.

She is my brother's sister. She is my ______________________.

He is my father's father. He is my ______________________.

☆ Lerne das Gedicht auswendig.

Two brothers.
One sister.
Mother and father.
And me.
What can you see?
A family.

☆ Schreibe ein Gedicht über deine Familie auf.

____

____

____

And me.
What can you see?
A family.

Satzglieder

☆ Male die einzelnen Satzglieder in verschiedenen Farben an.

Das Flugzeug – landete – pünktlich .

Schnell – gingen – Hanni und Fred – zum Supermarkt .

Auf dem Baum – sitzt – eine Katze .

! Ein **Satz** besteht aus mehreren Satzgliedern. Satzglieder bestehen aus **einem oder mehreren** Wörtern. Satzglieder kannst du **umstellen.**

☆ Stelle die Satzglieder um.
Welche sinnvollen Aussagesätze findest du?

Opa Theo | liegt | lange | im Liegestuhl

____

____

____

____

____

____

Klasse!

☆ Stelle die Sätze so um, dass sie nicht mit Sie anfangen.

Lena ist im Garten.v

Sie sucht eine Schere im Gartenhäuschen.

Im ______________________________

Sie schneidet einige Blumen mit der Schere ab.

Mit ______________________________

Sie bringt die Blumen schnell ins Haus.

Die ______________________________

Sie stellt diese im Zimmer in eine Vase.

Im ______________________________

Sie zeigt die Vase mit den Blumen ihrer Oma.

Die ______________________________

☆ Bilde Aussagesätze.
Es gibt jeweils zwei Möglichkeiten.

drei Boote | über den See | fahren

____

____

auf dem Hof | mehrere Jungen | spielen

____

____

Mathe

Rechnen mit Volumen

☆ Wandle um.

a) 5 l = 5000 ml
12 l = ________
20 l = ________
3 l = ________

b) 7000 ml = 7 l
10000 ml = ________
2000 ml = ________
25000 ml = ________

c) $\frac{1}{2}$ l = 500 ml
$\frac{1}{4}$ l = ________
$\frac{3}{4}$ l = ________
1 $\frac{1}{2}$ l = ________

d) l und ml lassen sich auch als Kommazahlen schreiben.
Fülle die Tabelle aus.

	l	ml	mit Komma
5 l 300 ml	5	300	5,300 l
8 l 250 ml			
250 ml			
1 l 500 ml			
800 ml			

Volumen oder Rauminhalte werden in Liter (l) und Milliliter (ml) gemessen. In einem Kanister sind meist 5 l Benzin. Eine Konservendose hat oft 450 ml Inhalt. **1 l = 1000 ml**

☆ Schreibe als Kommazahl.

a) 500 ml = 0,500 ml
100 ml = ________
6200 ml = ________
3500 ml = ________

b) $\frac{1}{2}$ l = 500 ml = 0,500 l
$\frac{1}{4}$ l = ________
$\frac{3}{4}$ l = ________
1 $\frac{1}{4}$ l = ________

☆ Aus einem 5-l-Kanister werden nacheinander 1,250 l, 1 $\frac{1}{2}$ l und 0,700 l ausgegossen.

a) Wie viel l sind das?
b) Wie viel l bleiben im Kanister?

My favourite pet

☆ Verbinde. Male die Tiere passend an.

1
My favourite pet is a budgie.
It's blue and white. It's small.
It's funny. I love it.

2
My favourite pet is a rabbit.
It's brown and white. I like it.

3
My favourite pet is a spider.
I love spiders. My favourite
spider is grey.

4
My favourite pet is a dog.
It's white and grey.
My grandpa has got a dog.
I love dogs.

★ Welches ist dein Lieblingshaustier?
Schreibe darüber. Male ein Bild.

____

____

____

____

Wort- und Satzgrenzen erkennen

☆ Hier haben sich Sätze versteckt. Markiere sie mit einem Farbstift.

a) lkirnstzinastehtoftmitdemlinkenfußzuerstaufkljhnopuzt.
b) rtuwisgfnbhkmdaskannjaheiterwerdenkldsrewtqabvfg.
c) gfetruiogeteiltefreudeistdoppeltefreudehklpgtffnmklöm.
d) fdghjonasweiß,woeslanggehthgfnbuztrfcgdsewknmluz.
e) dsvbgtzsinagehteinlichtaufjnbhgvcfdezdswertziopüvfd.
f) wvfgrdtefjkipuztrwerzuletztlacht,lachtambestenefvbnhj.

☆ Trenne oben die Wörter mit einem Strich.

☆ Schreibe die Sätze unter die passenden Erklärungen.

a) Gemeinsam erlebte Freude ist größer.

____

b) Ina hat oft schlechte Laune.

____

c) Jonas weiß, was zu tun ist.

____

d) Das wird unangenehm werden.

____

e) Zum Schluss zeigt sich, wer richtig gehandelt hat.

____

f) Sina versteht endlich.

____

Mathe

Rechnen mit Geldwerten

☆ Diese Aufgaben kannst du noch im Kopf rechnen.

a) 3,15 € + 2,25 € = ________
4,30 € + 1,70 € = ________

b) 11,30 € – 4,20 € = ________
9,70 € – 0,75 € = ________

c) 3,20 € · 3 = ________
1,80 € · 4 = ________

d) 12,60 € : 3 = ________
26,00 € : 4 = ________

☆ Löse schriftlich auf einem Blatt.

a) 14,27 € + 19,35 € + 0,84 €
0,45 € + 11,27 € + 145,25 €

b) 8 531,27 € – 653,34 €
1 195,30 € – 867,45 €

c) 12,48 € · 37
0,97 € · 45

d) 213,84 € : 8
561,60 € : 6

☆ Rechne ebenso auf einem Blatt.

a) 24,56 € + 19,08 € + 5,66 €
425,10 € + 86,45 € + 0,75 €

b) 132,75 € – 81,54 €
374,38 € – 147,16 € – 8,35 €

☆ Mutter vergleicht die Preise in zwei Supermärkten.

	1. Supermarkt	2. Supermarkt
1 kg Mehl	0,86	0,89
1 kg Zucker	1,19	1,05
250 g Butter	2,18	2,07

a) Wie viel müsste sie für die Sachen im ersten Supermarkt bezahlen?
b) Wie viel müsste sie für die Sachen im zweiten Supermarkt bezahlen?
c) Wie viel Geld kann sie sparen?

Baaaam

Lustiges Schreibspiel

Ja, richtig gelesen: Schreiben ist nicht nur Arbeit, man kann auch damit spielen! Und das ist richtig lustig! Im Ernst.

VORBEREITUNG:

Spielt dieses Spiel zu dritt oder besser zu viert. Jeder braucht einen Stift und ein Blatt Papier. Legt das Papier quer und teilt es in vier Spalten ein, ungefähr wie einen Stundenplan für vier Wochentage:

SPIELREGELN:

Jeder schreibt oben in die erste Spalte eine Person, zum Beispiel: Onkel Theo | Die Busfahrerin | Mama

Dann faltet ihr diese Spalte nach hinten, sodass das Geschriebene nicht mehr zu sehen ist. Jeder gibt sein Papier dem linken Nachbarn. **Aber nicht gucken, was darauf steht!**

Nun schreibt jeder Spieler etwas in die zweite Spalte, dieses Mal ein Verb in der er-/sie-/es-Form, zum Beispiel: reitet | guckt | wackelt
Wieder nach hinten falten und weitergeben, ohne zu gucken.

In die dritte Spalte kommt nun ein Adjektiv, zum Beispiel: lustig | gähnend | nass
Wieder nach hinten falten und weitergeben, ohne zu gucken.

In die vierte Spalte schreibt ihr einen Ort, zum Beispiel: am Fenster | unter der Bettdecke | auf dem Vulkan
Wieder nach hinten falten und weitergeben.

Jetzt dürfen endlich alle gucken und ihren Satz vorlesen.

Onkel Theo wackelt nass auf dem Vulkan!

My lunchbox

☆ Fülle das Kreuzworträtsel aus.

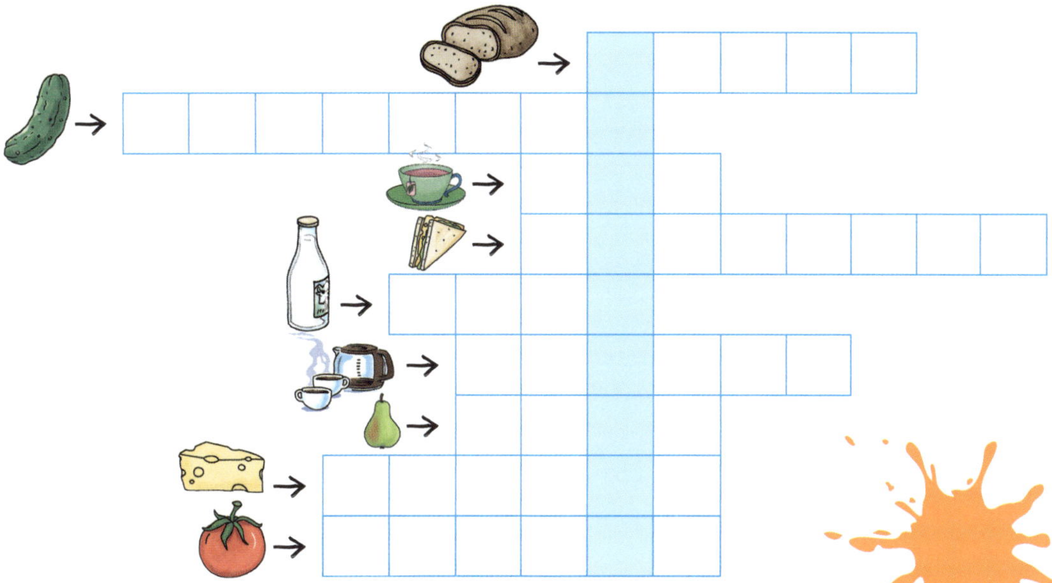

☆ Verbinde.

Cool

Einen Sachtext ordnen und Bildern zuweisen

Diese Textbausteine berichten, wie die Baukunst in den verschiedenen Epochen der Menschheitsgeschichte ausgesehen hat:

☆ Nummeriere die Abschnitte in der richtigen Reihenfolge.

Die Entwicklung der Baukunst

☐ Im Mittelalter wurden auf steilen Bergkuppen mächtige Burgen errichtet, später auch riesige Kirchen mit großen Fenstern.

☐ Vor 4000 Jahren errichteten die Ägypter große Pyramiden und riesige Tempelanlagen aus Stein. Auf Schiffen und Baumstämmen wurden sie unter großen Mühen zum Bauplatz gebracht.

☐ In der Steinzeit baute der Mensch Hütten aus Ästen und Zweigen. Er spannte Tierfelle darüber, um sich so vor Wind und Regen zu schützen.

☐ Heute können mithilfe von Stahlträgern und Beton in kürzester Zeit riesige Wohn- und Bürogebäude errichtet werden. Oft bestehen deren Außenwände fast nur aus Glas.

☐ Vor ungefähr 2000 Jahren bauten die Griechen und Römer Tempel, Schwimmbäder und Häuser mit wunder schönen Marmorsäulen. Die Dächer bestanden aus festen wasserdichten Dachziegeln. Sie legten kilometerlange Straßen an, die mit Steinen gepflastert waren.

☆ Markiere in jedem Abschnitt die Wörter farbig, die dir verraten, um welchen Zeitabschnitt es sich handelt.

☆ Unterstreiche in jedem Abschnitt die Wörter, die dir sagen, um welche Häuserarten es sich handelt.

☆ Schreibe die unterstrichenen Wörter aus der vorherigen Aufgabe im Singular und mit bestimmtem Artikel hier auf.

____

____

____

☆ Gib jedem dieser Bilder die Nummer, die auch der dazugehörende Textabschnitt in der ersten Aufgabe hat.

A ☐

C ☐

B ☐

D ☐

E ☐

☆ Stimmen diese Behauptungen? Vergleiche mit dem Text. Schreibe ja oder nein.

a) Dachziegel gibt es erst seit diesem Jahrhundert. ______

b) Die Römer bauten kilometerlange Straßen. ______

c) Die Ägypter transportierten die dicken Steine auf Schiffen und Baumstämmen. ______

d) In der Steinzeit bauten die Menschen hohe Gebäude aus Stein. ______

e) Die Römer kannten keine Marmorsäulen. ______

Mathe

Sachaufgaben mit Längen

☆ Herr Huber ist Vertreter.
Er ist viel mit dem Auto unterwegs.

a) Wie viele km hat er täglich zurückgelegt?
b) Wie viele km ist er in dieser 5-Tage-Woche gefahren?

Kilometerstände		
morgens	abends	km täglich
12533	12847	
12847	13120	
13120	13876	
13876	14231	
14231	15105	

☆ Herr Huber wohnt in A.

a) Er muss am Montag die Orte B und C besuchen. Er wählt natürlich den kürzesten Weg. Sieh dir die Entfernungen in der Zeichnung an. Überlege dir, wie er fahren muss. Bedenke, dass er abends wieder nach A zurückmuss. Erhältst du auch für die Gesamtstrecke 288 km?
b) Am Dienstag will er C und E aufsuchen. Berechne genauso wie in a) die Gesamtstrecke.
c) Am Mittwoch sind die Orte B und D an der Reihe.

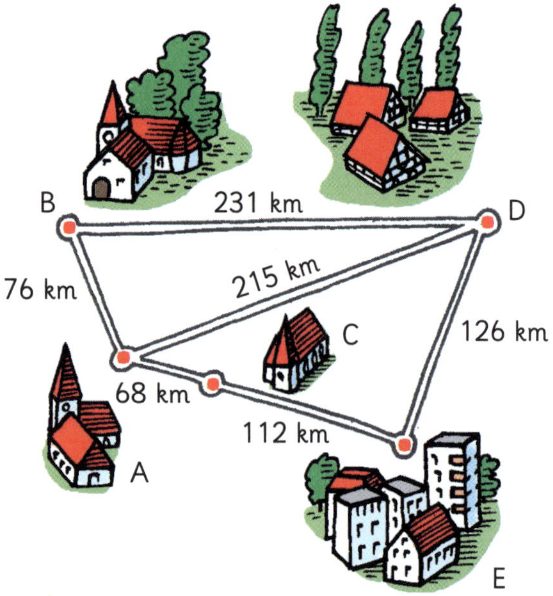

d) Für den Donnerstag ist der Besuch von C, E und D vorgesehen.
e) Wie viel km ist Herr Huber an den 4 Tagen insgesamt gefahren?

Weather forecast

☆ Finde die geheime Botschaft.

A = 1 B = 2 C = 3 D = 4 E = 5 F = 6 G = 7
H = 8 I = 9 J = 10 K = 11 L = 12 M = 13 N = 14
O = 15 P = 16 Q = 17 R = 18 S = 19 T = 20 U = 21
V = 22 W = 23 X = 24 Y = 25 Z = 26

___ ___ ___ ___ ___ ___ ___ ___ ___ ___
20 8 5 23 5 1 20 8 5 18

___ ___ ___ ___ ___ ___ ___ ___ ___ ___ ___
23 9 12 12 2 5 19 21 14 14 25

☆ Finde die vierzehn Wörter.

T	C	L	O	U	D	Y	L	S	U	N	D	A	Y
U	J	T	G	D	W	S	A	T	U	R	D	A	Y
E	O	H	F	Y	S	V	C	O	B	M	T	S	I
S	R	U	E	I	U	G	F	R	I	D	A	Y	G
D	T	R	O	P	N	X	D	M	K	L	B	C	H
A	W	S	M	O	N	D	A	Y	C	H	W	T	Z
Y	Z	D	U	A	Y	M	J	R	F	O	G	G	Y
Q	P	A	S	B	H	K	D	I	P	R	S	E	F
K	J	Y	T	I	W	E	D	N	E	S	D	A	Y
W	T	X	B	H	I	K	L	R	V	N	P	C	T
A	Y	Z	K	D	N	M	B	R	T	O	K	L	S
H	T	S	I	K	D	G	F	E	L	W	I	Y	R
S	R	A	I	N	Y	J	L	W	T	Y	F	R	Z

Monday
Tuesday
Wednesday
Thursday
Friday
Saturday
Sunday
cloudy
stormy
rainy
foggy
snowy
windy
sunny

Eine Fabel verstehen

☆ Lies die Fabel.

Der Fuchs und die Trauben

An einem Berghang erblickte ein junger Fuchs herrliche Trauben an einem Rebstock. Das Wasser lief ihm im Mund zusammen und er gab sich die größte Mühe, im Sprung mit seinen Pfoten die glänzenden Beeren zu erhaschen. Aber alle Anstrengungen waren vergeblich. Das Füchslein konnte die Trauben nicht erreichen. Da ging es weiter und versuchte, sich über den Misserfolg zu trösten. Verächtlich sagte es zu sich: „Was soll ich denn mit diesen Trauben? Sie sind ja noch unreif und bestimmt auch viel zu sauer.“

(Der Grieche Babrios, 2. Jahrhundert nach Christus)

☆ Unterstreiche die passenden Satzenden.

a) Der Fuchs erblickte die Trauben
... an einem Berghang. ... in einem Flusstal.

b) Er versuchte die Trauben zu pflücken,
... indem er sich tief bückte. ... indem er immer wieder hochsprang.

c) Der Fuchs konnte
... die Beeren gut erreichen. ... die Beeren nicht erreichen.

d) Er redete sich ein, dass
... sie sowieso viel zu sauer seien. ... er gar keinen Hunger hätte.

☆ Kreuze die richtige Antwort an.

a) Der Fuchs handelt, denkt und spricht ☐ wie ein Baum. ☐ wie ein Mensch.

b) Wer hat die Fabel geschrieben?

☐ Babrios ☐ Wilhelm Busch ☐ La Fontaine

Mathe

Umrechnen von Zeiten

Wandle die Zeiten um.

a)

Minuten	Sekunden
3 min	180 s
5 min	
10 min	
8 min	

b)

Minuten	Sekunden
1 min	
$\frac{1}{2}$ min	
$\frac{1}{4}$ min	
$\frac{3}{4}$ min	

c)

Sekunden	Minuten
240 s	
120 s	
480 s	
600 s	

d) 100 s = 1 min 40 s
150 s = ____________
210 s = ____________
240 s = ____________

e) 2 min 10 s = 130 s
3 min 20 s = ____________
5 min 8 s = ____________
4 min 25 s = ____________

Zeitspannen werden in Sekunden (s), Minuten (min) und Stunden (h) gemessen.
1 min = 60 s
1 h (Stunde) = **60 min**

Beispiele

Addieren: 45 s + 28 s = **73 s = 1 min 13 s**
Subtrahieren: 1 h 40 min – 55 min = **100 min – 55 min = 45 min**
Multiplizieren: 1 h 25 min · 3 = **85 min · 3 = 255 min = 4 h 15 min**
Dividieren: 2 min 20 s : 4 = **140 s : 4 = 35 s**

Löse ebenso schriftlich auf einem Blatt.

a) 45 s + 50 s
56 s + 48 s
1 min 15 s + 50 s
2 min 20 s + 40 s

b) 55 min + 30 min
47 min + 23 min
2 h 32 min + 50 min
1 h 30 min + 2 h 15 min

c) 1 min 20 s – 35 s
2 min 10 s – 45 s
3 min 25 s – 50 s
3 min 25 s – 1 min 50 s

d) 2 h 10 min – 50 min
1 h 25 min – 40 min
3 h 25 min – 1 h 40 min
2 h 40 min – 1 h 50 min

HEB AB!

FALTE EINEN COOLEN FLIEGER UND DÜSE DAMIT ZU DEN STERNEN! NAJA, ODER VIELLEICHT AUCH NUR DURCHS KINDERZIMMER ODER DEN PARK … ZU ZWEIT KÖNNT IHR AUCH UM DIE WETTE FLIEGEN – WER SEGELT WEITER? UND WER FLIEGT HÖHER? MACHT EINEN PILOTENWETTKAMPF!

SO BASTELST DU DEINEN FLIEGER:

1 Reiße eine Seite aus diesem Buch heraus. Ja, echt, das darfst du! Aber natürlich nur eine, auf der du schon alle Aufgaben erledigt hast – vorn und hinten. Schneide die Reißkante mit einer Schere gerade. Du kannst auch ein farbiges Blatt Papier nehmen. Oder du malst ein weißes bunt an.

2 Falte den Flieger, wie auf den Bildern auf Seite 45 zu sehen.

3 Hol dir Crew und Passagiere an Bord! Das heißt: Schneide eine oder zwei Figuren aus und klebe sie in den mittleren Schlitz.

Hast du die Aufgaben auf Seite 43 schon erledigt? Wenn nein, dann noch nicht ausschneiden!

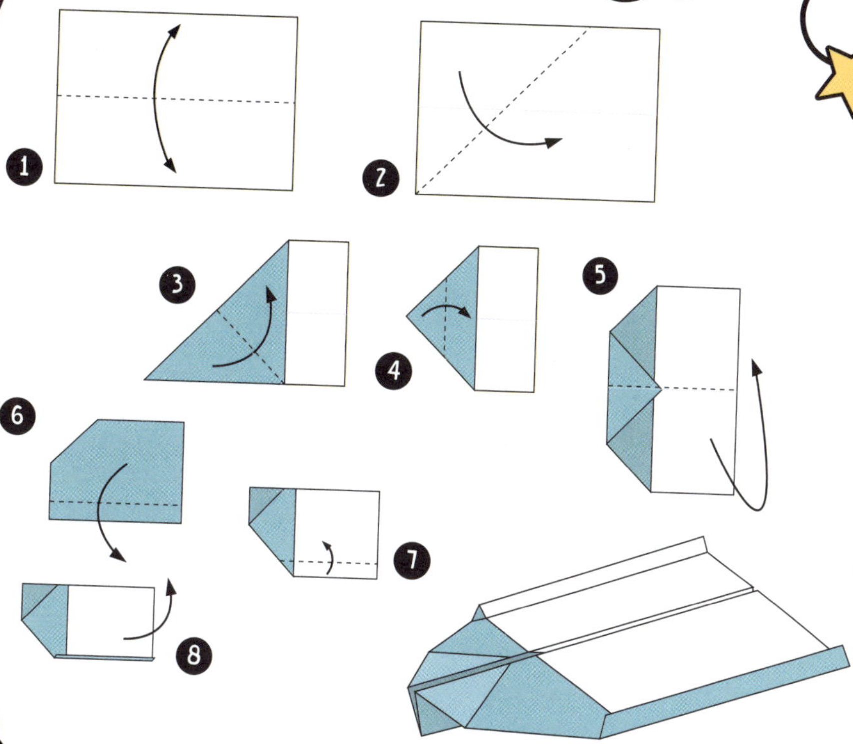

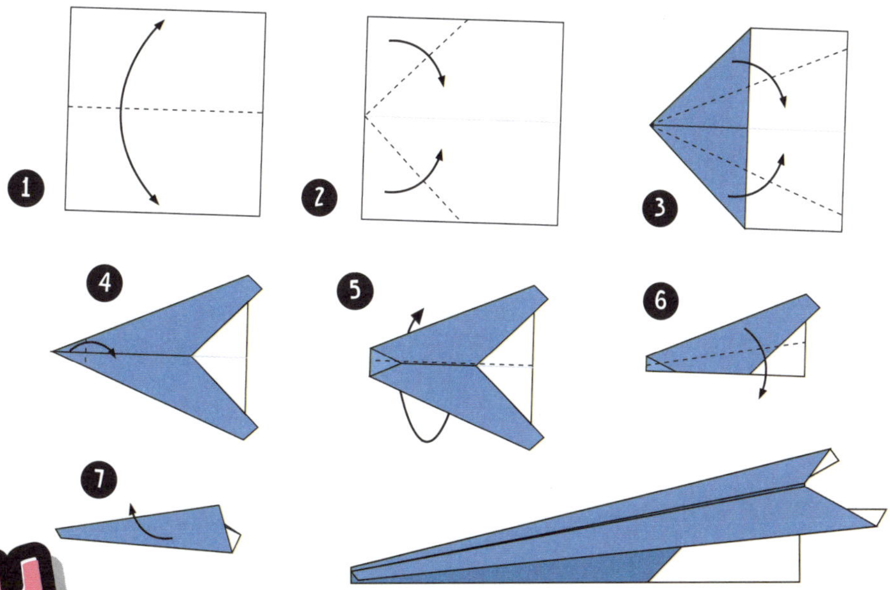

Yay

Nice!

Weather

☆ Verbinde.

sunny

cloudy

windy

stormy

rainy

snowy

foggy

☆ Kreuze die richtige Antwort an.

It's
- ☐ sunny.
- ☐ windy.
- ☐ rainy.

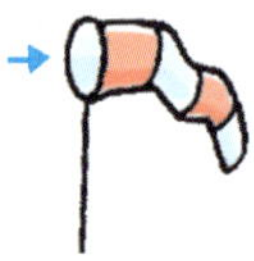

It's
- ☐ rainy.
- ☐ snowy.
- ☐ foggy.

It's
- ☐ stormy.
- ☐ snowy.
- ☐ sunny.

It's
- ☐ foggy.
- ☐ sunny.
- ☐ windy.

It's
- ☐ foggy.
- ☐ cloudy.
- ☐ snowy.

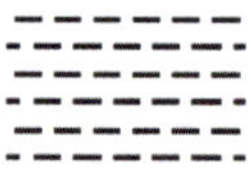

It's
- ☐ rainy.
- ☐ cloudy.
- ☐ rainy.

☆ Bringe die Buchstaben in die richtige Reihenfolge.

yduolc ______________________ yniar ______________________

ywons ______________________ ynnus ______________________

ydniw ______________________ yggof ______________________

☆ Verbinde.

summer

winter

spring

autumn

☆ Kreise die Wörter ein.

Höhepunkt und Überschrift

____

Vor drei Jahren zelteten meine Familie und ich auf einem Campingplatz an einem kleinen Fluss. Meine Schwester und ich schliefen in einem kleinen Zelt neben dem großen meiner Eltern.
Nachdem es am Tage zunächst sehr warm und sonnig gewesen war, bedeckte sich der Himmel am Nachmittag. Dunkle Wolken zogen auf. Gegen Abend fing es schließlich an zu regnen. Da es draußen so ungemüt lich und kühl war, zogen wir uns bald in unser Zelt zurück. Wir kuschelten uns in unsere Schlafsäcke und lasen ein wenig.
Der Wind wurde immer heftiger. Er schüttelte die Zeltwände und riss an den Seilen. Heftiger Regen prasselte vom Himmel.
Wir waren froh, als wir mit Hilfe unserer Eltern das Zelt verlassen konnten. Am nächsten Morgen bauten wir unser Zelt wieder auf.

☆ Rahme die Einleitung grün, den Hauptteil rot und den Schluss blau ein.

☆ Mache ein Kreuz an die Stelle, wo du gern mehr erfahren hättest.
Markiere, was an dieser Stelle in Bens Erzählung fehlt:
der Höhepunkt – der Schluss – eine ausführliche Einleitung

☆ Markiere, was der Leser an dieser Stelle noch gern erfahren hätte.

Was ist mit dem Zelt passiert?

Gab es ein Loch oder einen Riss im Zelt?

Hatten sie große Angst?

Hat es oft in ihren Ferien geregnet?

Haben die Kinder schon ihre Postkarten geschrieben?

Haben sie um Hilfe gerufen?

War es schwierig das Zelt zu verlassen? Wenn ja, warum?

Sind die Kinder im Schlaf überrascht worden?

☆ Erzähle den fehlenden Höhepunkt in drei bis vier Sätzen.

☆ Ergänze eine der Überschriften, oder erfinde selbst eine.

Das eingestürzte Zelt

Der verflixte Sturm

Aufregung auf dem Campingplatz

So ein Pech!

Eine stürmische Nacht im Zelt

☆ Kreuze an, was auf den Hauptteil von Bens Erzählung zutrifft. Wenn du richtig geantwortet hast, erhältst du das Lösungswort.

a) Der Hauptteil erzählt von einem einzigen Erlebnis. ☐ W

b) Er führt allmählich zum Höhepunkt hin, der hier aber leider fehlt. ☐ A

c) Im Hauptteil erfährt der Leser, was die beteiligten Personen gesehen und gehört, gedacht und gefühlt haben. ☐ L

d) Es werden verschiedene Satzanfänge gebraucht. ☐ G

e) Treffende Ausdrücke helfen dem Leser, sich alles gut vorzustellen. ☐ E

f) Einleitung und Schluss sind gut. ☐ N

g) Ben hat oft wörtliche Rede gebraucht. ☐ M

Lösungswort: ___ ___ ___ ___ ___

Mathe

Zeitspannen

☆ Welche Zeitspanne ergibt sich hier jeweils?

a) 8.45 Uhr → ☐ → 9.00 Uhr

10.10 Uhr → ☐ → 11.45 Uhr

14.10 Uhr → ☐ → 15.15 Uhr

b) 9.00 Uhr → ☐ → 10.10 Uhr

11.45 Uhr → ☐ → 12.05 Uhr

12.05 Uhr → ☐ → 14.10 Uhr

☆ Hier ein Ausschnitt aus dem Fernsehprogramm. Gib jeweils an, wie lange die Sendungen dauern.

9.30 Uhr	**Wochenvorschau**
10.00 Uhr	**Weltumsegelung mit Familie**
10.45 Uhr	**Septimus Siebensohn**
11.15 Uhr	**Poga 1104**
12.00 Uhr	**Presseclub**

Wochenvorschau: 30 min

Weltumsegelung: ____________________

____

____

☆ Diese fünf Züge verkehren zwischen Stuttgart und Heidelberg. Berechne die Fahrzeiten.

Zugnummern	RE 798	RE 516	RE 714	RE 614	RE 512
Stuttgart ab	8.07	9.45	9.56	11.01	11.57
Heidelberg an	9.24	11.01	11.08	12.17	13.14
Fahrzeiten					

Schlechtes Wetter?

Spiele für drinnen

Drinnen spielen muss nicht langweilig sein, im Gegenteil! Mit Freunden, Geschwistern oder Eltern macht es richtig Spaß.

Drinnen toben

Das macht zu mehreren am meisten Spaß. Wer ist auf der Hindernisstrecke der schnellste?
Lege eine Strecke fest: zum Beispiel durch den Flur ins Kinderzimmer, ins Wohnzimmer und zurück in den Flur. Überlege dir Hindernisse und Aufgaben: Slalom um fünf Bücher, Klettern über Stühle, Robben unter dem Tisch, Liegestützen ... Und dann los!

Drinnen chillen

Bei schlechtem Wetter kann man sich prima in einer Höhle verkriechen. Mit Decken, Kissen und Spielzeug wird sie richtig kuschelig.
Supereinfach: Eine Decke, die bis auf den Boden hängt, auf einen Tisch legen.
Superschnell: Eine Decke als Dach mit Hilfe von Wäscheklammern und Schnüren an Bettpfosten, Tischbeinen oder Stühlen befestigen.
Supergemütlich: Einen großen Karton auf die Seite legen, Fenster schneidet ein Erwachsener hinein.

Drinnen verkleiden

Lust auf eine Kostümparty mit Freunden? So verkleidet ihr euch im Nu: Frage deine Eltern, ob du Papas Anzug oder Mamas Abendkleid anziehen darfst.
Ziehe dich einfarbig an und male dir eine Tiermaske, Vorlagen dafür findest du online oder in einem Buch. Zu orangefarbenen Klamotten passt eine Tigermaske, zu gelben ein Löwengesicht, zu rosa eine Schweinenase.
Wirf dir ein Bettlaken über, leuchte darunter mit einer Taschenlampe und sei ein Geist.
Bastel den Zauberstab (Seite 13) und drehe aus einer großen Pappe einen Spitzhut. Jetzt schnappst du dir einen Umhang aus dunklem Tuch und einen Besen und wirst zur Hexe.

Easter

☆ Male die Ostereier an.

My Easter egg is yellow. It has got blue dots.

My Easter egg is orange with red stripes.

My Easter egg is blue. The stars are white.

My Easter egg is brown, pink and orange.

☆ Verbinde.

Easter egg

Easter bunny

hop

grass

basket

flower

Briefe verfassen

An einem verregneten Ferientag schreiben Sabine und Simon ihre Ferienpost.

☆ Hier kannst du Simons Brief lesen.

☆ Lies die folgenden Fragen. Welche werden in Simons Brief nicht beantwortet? Markiere sie.

a) Wer hat den Brief geschrieben?
b) Wo wurde der Brief geschrieben?
c) Wann wurde er geschrieben?

☆ Schau dir Simons Brief noch einmal an und kreuze an.

	ja	nein
a) Es fehlt der Absender mit Namen und Ort.		
b) Es fehlt das Datum.		
c) Es fehlt die freundliche Anrede.		
d) Am Schluss fehlt ein freundlicher Gruß.		
e) Es fehlt die Unterschrift.		
f) Simon hat die richtigen Abstände eingehalten.		
g) Simons Schrift ist gut zu lesen.		

Rechnen mit Gewichten

☆ Auf einem Lieferwagen liegen 5 Kisten. Sie wiegen 5 400 g; 54 kg; 0,540 t; 0,540 kg und 5,400 t. Vergleiche ihre Gewichte und ordne sie so an:

☐ > ☐ > ☐ > ☐ > ☐

☆ Vergleiche und setze jeweils die Zeichen <, =, >.

a) 32 kg ☐ 32 000 g	b) 1,250 t ☐ 125 kg	c) 250 kg ☐ $\frac{1}{4}$ t
1,8 kg ☐ 18 000 g	0,540 t ☐ 54 kg	3 500 kg ☐ 3,5 t
0,350 kg ☐ 3 500 g	4,125 t ☐ 4 125 kg	17 000 kg ☐ 1,7 t

☆ Mutter packt ein Geschenkpäckchen. Es enthält 250 g Kaffee, eine Pralinenpackung zu 125 g und ein Buch (Gewicht: ½ kg). Die Verpackung wiegt 135 g.

a) Wie schwer wird das Päckchen?
b) Das Höchstgewicht für Päckchen beträgt 2 kg. Wie viel könnte noch hinein?

☆ Martin nimmt für seinem Ausflug 375 g belegte Brote mit. Seine Getränke wiegen 1,280 kg. Einen Anorak hat er auch dabei. Er wiegt 425 g und der Rucksack 0,820 kg.

a) Welches Gewicht muss er tragen?
b) Unterwegs isst er seine Brote und bis auf 280 g hat er auch all seine Getränke getrunken. Wie viel kg wiegt der Rucksack jetzt?

☆ Mit einem Lastenaufzug sollen Kisten befördert werden. Sie wiegen 81,750 kg, 65,800 kg, 925 kg und 77 kg.

a) Wie schwer sind sie insgesamt?
b) Der Aufzug darf nur 1,500 t transportieren. Wie viel könnte noch zugeladen werden?

At the zoo

☆ Bauernhof- oder Zootier? Fülle die Tabelle aus.

Farm	Zoo
pig	zebra

~~zebra~~ hen ~~pig~~ giraffe monkey horse lion duck goose crocodile tiger sheep cow penguin

☆ Kreuze das richtige Bild an.

There are two monkeys in the zoo. There are three penguins.
There are two tigers. There is one elephant and one hippo.
There are two giraffes in the zoo. There isn't a lion in the zoo.

Werde GESCHICHTENSCHREIBER

Geschichten schreiben ist gar nicht so schwer.
Du musst nur die Anleitung befolgen!
Aber Achtung: Lachgefahr!

SO SCHREIBST DU DIE GESCHICHTE FERTIG:

1 **Ganz wichtig:**
Du darfst die Geschichte noch nicht lesen! Befolge zuerst Punkt 2.

2 **Fülle die Lücken aus:**
Auf alle **roten, langen Linien** schreibst du einen Namen. Du kannst deinen nehmen oder den eines Freundes oder deiner Schwester oder du denkst dir einen Namen aus. Nimm immer den gleichen Namen.
Auf die **roten, kurzen Linien** schreibst du er oder sie, passend zum Namen.
Auf alle **blauen Linien** schreibst du ein Verb (Tuwort) im Infinitiv (Grundform). Nimm für jede Lücke ein anderes!
Auf alle **grünen Linien** schreibst du ein Tier. Entweder du nimmt den Namen deines Haustiers oder du schreibst eine Tierart auf. Nimm für jede Lücke ein anderes!
Auf alle **gelben Linien** schreibst du ein Familienmitglied.

3 Nun darfst du die Geschichte lesen! Suche dir ein paar Zuhörer und lies sie laut vor.

____________________s seltsamste Ferien

Sommerferien! ______________ konnte es kaum abwarten!
Endlich ______________ ohne Pause. Am ersten Ferientag
ging ______________ nach draußen. Dort konnte ____
stundenlang mit seinen allerbesten Freunden, ______________
und ______________, ______________.

Am zweiten Tag besuchte ______________
______________. Dort wollte ____ den ganzen Tag
______________ und ______________.

Am dritten Tag blieb ______________ zu Hause.
____ mochte nicht mehr ______________, nur noch
______________!

Aber nun hatte ______________ ein Problem: ____
konnte nicht aufhören zu ______________!
______________ kam zu Hilfe, ______________
und zuletzt auch ______________.
Aber niemand konnte ______________ stoppen.
Schlimmer noch: Sie machten alle mit!

Also musste ______________ die ganzen restlichen
Sommerferien ______________. Und wenn ____ nicht
wieder in die Schule gegangen ist, ______________
______________ und seine Familie noch heute ...

Mathe

Wahrscheinlichkeit

Bei Ereignissen und Spielen ist es wichtig, dass du unterscheidest, ob etwas **sicher, wahrscheinlich** oder eher **unwahrscheinlich** ist.

☆ Auf dem Marktplatz findet eine Tombola statt. Es gibt 100 Lose, davon sind 25 Gewinne. Kreuze an, ob die Aussagen **sicher (S)**, **wahrscheinlich (W)** oder **unwahrscheinlich (U)** sind.

a) Beim Kauf von 5 Losen gewinne ich … S W U

b) Beim Kauf von 50 Losen gewinne ich … S W U

c) Wenn bei 75 verkauften Losen nur 5 Gewinne gezogen wurden, gewinne ich beim Kauf von 10 Losen … S W U

☆ Paul und Eva verkaufen Lose. Sie haben 50 Lose und 15 Preise. Ein Los kostet 10 ct. Beantworte folgende Fragen und begründe:

a) Gewinnt man sicher einen Preis, wenn man 5 Lose kauft?

b) Paul sagt: „Bei unser Tombola gewinnt sicher jedes dritte Los!“ Hat er recht?

c) Oskar hat für 2 Euro Lose gekauft: alles Nieten. Wie sind seine Gewinnchancen, wenn er weitere 10 Lose kauft? Sicher, wahrscheinlich oder eher unwahrscheinlich?

Halloween

☆ Kreise die Wörter ein.

☆ Fülle die Lücken aus.

___hos___

___at

___umpki___

___keleto___

☆ Male das Bild an.

☆ Lerne das Gedicht auswendig.

Spooky, scary Halloween. Many costumes can be seen.
Witches, ghosts and bats. Monsters, mummys, cats.

Deutsch

Die Personenbeschreibung

☆ Vergleiche die beiden folgenden Beschreibungen.

Sara: Die Person, die ich meine, ist so groß wie Anni. Sie hat rote lockige Haare und viele lustige Sommersprossen auf ihrem Näschen. Sie hat ein schmales Gesicht mit braunen Augen und einem kleinen Mund. Auf den Wangen bilden sich kleine Grübchen, wenn sie lacht. Und das tut sie sehr oft. Am liebsten trägt sie blaue Jeans und bunte Pullis. Sie spielt Klavier und kann viel schneller laufen als ich. Am liebsten fährt sie Fahrrad. Wenn man sie trifft, leckt sie fast immer ein Eis.

Max: Die Person, die ich meine, hat rote Haare und einen kleinen Mund. Sie hat meistens blaue Jeans und bunte Pullis. Ich mag sie.

a) Bei welcher Beschreibung kannst du dir Lena besser vorstellen?
b) Warum? Beantworte schriftlich auf einem Blatt in ein oder zwei Sätzen.

☆ Schreibe auf, was du in Saras Beschreibung über Lena erfährst.

Größe: ______________________________

Gesicht: ______________________________

____

Haare: ______________________________

Augen: ______________________________

Kleidung: ______________________________

Verhalten: ______________________________

Hobbys: ______________________________

Besonderheiten: ______________________________

Prima

Signalwörter

☆ Jede der folgenden Aufgaben kannst du in zwei Rechenschritten lösen, wenn du die Signalwörter erkennst und entsprechend rechnest. Unterstreiche die Signalwörter.

a) Martin hat heute schon 97 Puzzlesteine in das Bild eingesetzt. Wenn er noch 53 Teile hinzufügt, muss er noch dreimal so viel einsetzen, bis er fertig ist. Aus wie vielen Teilen besteht das Puzzle?

b) Inga überlegt: Wenn ich meine 96 grünen Perlen an Iris, Lea und mich verteile und anschließend jede ihre Perlen um 17 reduziert, dann hat jede von uns 15. Prüfe nach, ob Inga recht hat.

☆ Unterstreiche auch hier die Signalwörter, ehe du rechnest.

Frau Schneider kauft für ihre Klasse 116 Holzscheiben. An jedes Kind verteilt sie 4 Stück, damit sie Automodelle herstellen können.

☆ In der Autofabrik wurden in der letzten Stunde 55 Räder montiert. Zum Befestigen der Räder werden fünfmal so viele Radmuttern benötigt. Ben will die Anzahl der Radmuttern wissen und rechnet: 55 : 5 = 11

Unterstreiche im Text das Signalwort und berichtige Bens Rechnung.

☆ Der Mond ist etwa neunmal so weit von der Erde entfernt, wie eine Reise um die Erde lang ist. Wie viele Kilometer ist der Mond von der Erde entfernt? Rechne mit einem Erdumfang von 40 000 km.

Unterstreiche im Text die Signalwörter. Rechne dann auf einem Blatt.

In den Texten vieler Aufgaben stehen Wörter, die dir verraten, welche Rechenart oder Rechenarten du anwenden kannst, um sie zu lösen. Achte auf Wörter wie **„hinzufügen“**, **„reduzieren“**, **„dreimal“**, **„verteilen“** usw. Das sind **Signalwörter,** die Addition, Subtraktion, Multiplikation und Division verlangen.

My wish list

Verbinde.

Sandra

Dear Santa,
For Christmas I would like
a rabbit and a new pen.

Tim

Dear Santa,
For Christmas I would
like a bike and a ball.

Emma

Dear Santa,
For Christmas I would like
snow, snow and more snow.

Jill

Dear Santa,
For Christmas I would like a book,
a skateboard and a woolly hat.

Tom

Dear Santa,
For Christmas I would like
a jumper, trainers and a cap.

Bilderrätsel

Diese Rätsel sind prima für alle Knobelfreunde und Hartenussknacker. Und natürlich für Englischfans, denn Rätselwörter und Lösungen sind auf Englisch. Have fun!

So löst du die Rätsel:

1. Betrachte das Bild und schreibe das passende Wort auf Englisch dazu.

2. Betrachte die Anweisungen neben und unter dem Bild. Die Ziffern stehen für die Buchstaben und wie du sie verändern sollst:

~~2~~ → 2. Buchstabe streichen
3 = J → 3. Buchstabe durch J ersetzen
+ T → T anhängen

3. Schreibe die neuen und alten Buchstaben nacheinander auf. Hier ein Beispiel:

 **+ T**

STAR + T = START

2 = P, 3 = O

= SPORT

Rätsel für dich:

1 = B

____

Lösung: ______________

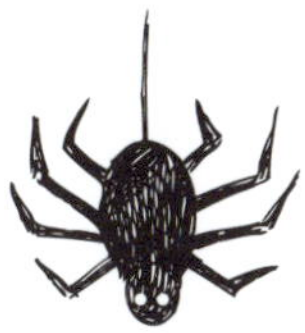 **+ S**

2 = W, 3 = E, ~~4~~, 6 = T

____

Lösung: ______________

 **+ KY**

1 = S, 2 = P, ~~5~~

____

Lösung: ______________

Lösungen: bat, sweets, spooky

Mathe

Aufgabentexte finden

Welcher Text passt zur folgenden Aufgabe? Kreuze an und rechne.

Rechnung: 738 kg · 17 = ______________

- ☐ a) Ein 738 kg schwerer Lkw wurde 17-mal beladen. Wie schwer ist er?
- ☐ b) Eine Palette mit Steinen wiegt 738 kg. An einer Baustelle werden 17 Paletten benötigt. Wie viele kg wiegt die gesamte Ladung?
- ☐ c) Carina wiegt 17 kg. Wie schwer ist sie in 738 Tagen?
- ☐ d) Die Ladung eines Lkw ist 738 kg schwer. 17 kg kommen noch hinzu. Wie schwer ist die Ladung jetzt?

Anna hat zu der folgenden Rechnung einen Aufgabentext geschrieben. Er enthält einen Fehler. Berichtige ihn.

Rechnung: 2795 € : 5 = 559 €

Vier Lottospieler teilen sich ihren Gewinn von 2795 €. Wie viel Euro bekommt jeder Spieler?

Welche Wörter kannst du nicht für den Text verwenden, der zu dieser Aufgabe passen soll? Streiche sie durch.

Rechnung: 6067 € – 4250 € + 810 € = ______________

ausgegeben | verloren | gespart | mietet | kauft | erhält | kann | singt

Herr Meyer hat 6067 € ______________. Er ______________ sich für 4250 € ein gebrauchtes Auto. Für sein altes Auto ______________ er noch 810 €. Wie viel Euro hat er nun noch auf seinem Sparbuch?

Christmas

☆ Finde das falsche Wort. Kreise ein.

reindeer	blue	sleigh
present	Christmas Eve	sandwich
duck	bell	sing
Christmas tree	angel	milk

☆ Verbinde.

☆ Lerne das Lied auswendig und singe es.

We wish you a merry Christmas,
we wish you a merry Christmas,
we wish you a merry Christmas
and a happy New Year.

Super-duper BELOHNUNGSKUCHEN

Dieser kunterbunte Kuchen schmeckt wirklich super-duper-lecker! Für die Zutaten brauchst du nur ein kleines bisschen Mathe. Viel Spaß beim Zubereiten und … mmmhhh!

LOS GEHT'S:

1 Gib das Öl in einen Topf und schütte den Popcornmais dazu. Deckel drauf (wichtig!) und auf dem Herd auf mittlerer Stufe erhitzen. Bald hörst du es poppen, oder? Erst wenn alles ruhig ist, darfst du den Deckel abnehmen.

Zutaten:

- 26 + 44 Gramm Popcornmais
- 2 Esslöffel Öl
- 0,2 kg weiße Schokolade
- 1 Packung Mini-Schokoküsse
- so viele bunte Schokolinsen wie Schokoküsse
- 30 – 10 g Puderzucker

außerdem:

- großer Kochtopf mit Deckel
- Kartoffelstampfer
- Kaffeebecher
- kleiner Kochtopf ohne Deckel
- Esslöffel
- Backpapier
- runde Kuchenform
- Pinsel
- Teelöffel
- kleines Schälchen

2 Die Schokolade brichst du in Stücke und gibst sie in den Kaffeebecher. Diesen stellst du in den kleinen Topf. Fülle ihn mit Wasser, bis es etwa auf halber Höhe des Bechers steht. Bei mittlerer Hitze auf dem Herd lässt du die Schokolade langsam schmelzen.

3 Währenddessen stampfst du das Popcorn mit dem Kartoffelstampfer, damit die Stücke etwas kleiner werden.

4 Lege das Backpapier auf den Boden der Kuchenform.

5 Rühre die flüssige Schokolade mit dem Esslöffel durch und gib sie über das Popcorn. Achtung, behalte etwa ein Viertel der Schokolade (etwa 2 Esslöffel) zurück! Mische, bis das ganze Popcorn mit Schokolade überzogen ist. Nun gibst du es in eine runde Kuchenform und drückst es mit der Löffelrückseite schön fest.

6 Pinsel die Oberseite des Kuchens mit dem Rest Schokolade ein und stelle die Schokoküsse dicht an dicht darauf.

7 In einem kleinen Schälchen vermischst du den Puderzucker mit ganz wenig Wasser, sodass ein dickflüssiger Guss entsteht. Gib auf jeden Schokokuss einen Tropfen davon und lege eine Schokolinse darauf. Nun muss dein Super-duper-Belohnungskuchen nur noch im Kühlschrank fest werden.

Mmmhhh!

Bandornamente

☆ Setze das Bandornament fort.

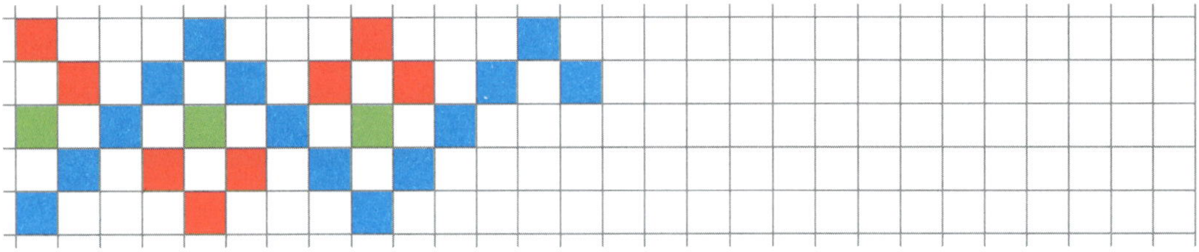

☆ Bandornamente können auch runde Formen haben.
Arbeite hier mit dem Zirkel.

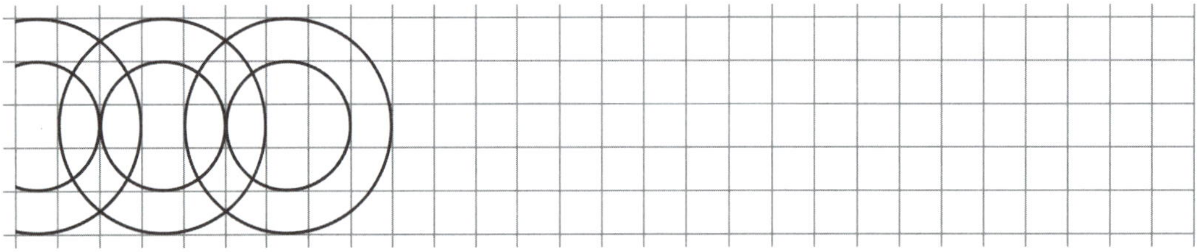

Würfel- und Quadernetze

Baue in deiner Vorstellung aus den Netzen Würfel oder Quader. Dabei soll die farbige Seite immer unten liegen. Beschrifte die Lage der anderen Seiten mit **o** für oben, **l** für links, **r** für rechts, **v** für vorn und **h** für hinten.

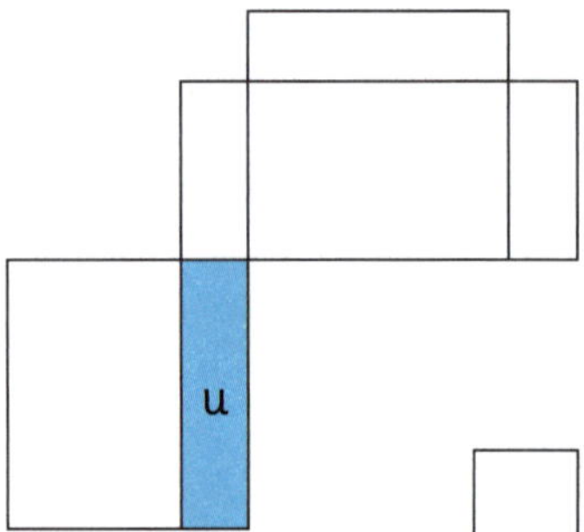

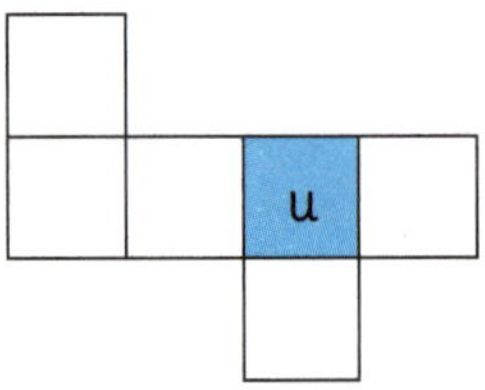

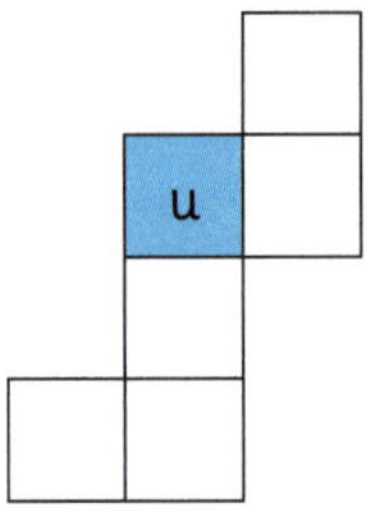

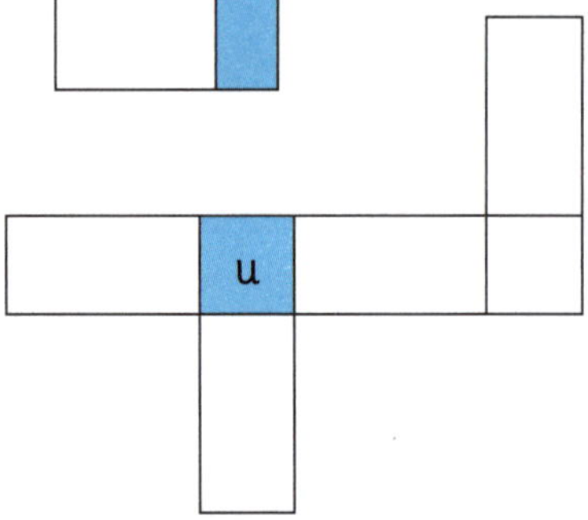

So geht's

Male die Sterne deiner bearbeiteten Seiten nach und trage dein Ergebnis in das Abzeichen ein.
1-12 Sterne: Trostpreis – nicht schlecht ... 13-24 Sterne: Bronze – prima gemacht!
25-36 Sterne: Silber – wow, ein Knaller! 37-47 Sterne: Gold – superduperferienlernspaßgroßartig!!!

FERIEN LERNSPASS DIPLOM

____
NAME

hat im Ferienlernspaß 4. Klasse bearbeitet:

Deutsch:	4	7	12	16	21	26	30/31	
	34	38/39	42	48/49	53	60		
Mathe:	5	10	14	17	22	27	32	35
	40	43	50	54	58	61	64	68
Englisch:	6	11	15	20	23	29	33	37
	41	46/47	52	55	59	62	65	

(Seite 4)

Unterstreichen: Umgezogen, Gerade, Stuhl, Der, Umzug, Zum, Glück, Morgen, Glücklich, Familie Piper, Haus, Der, Abschied, Wohnung, In, Umgebung, Lisa, Mark, Morgen, Nachmittag, Pläne, Bepflanzung, Gartens, Sie, Blumen, Sträucher, Bäume, Und, Hund, Das

Großgeschrieben werden Satzanfänge und Nomen.

heute Morgen, morgen Nachmittag

ich, es, mein, dein, wir, sie, er, du, dir, dich, euch, uns, ihr

(Seite 5)

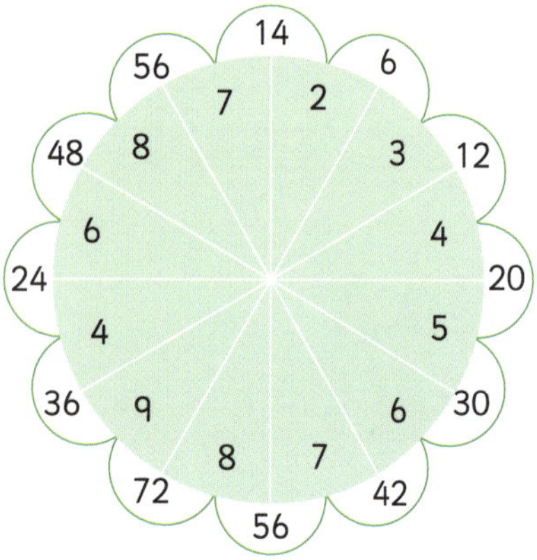

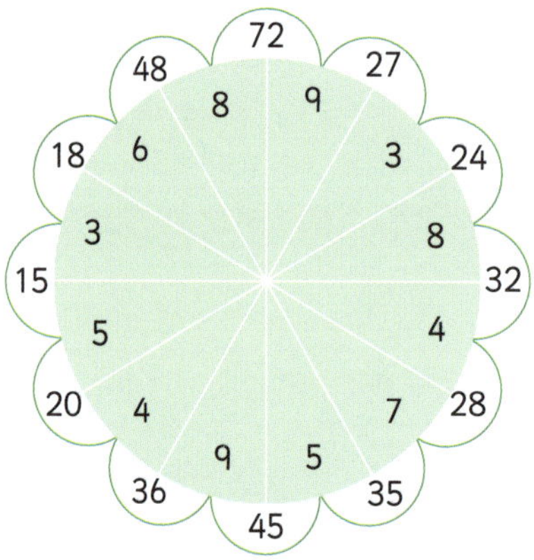

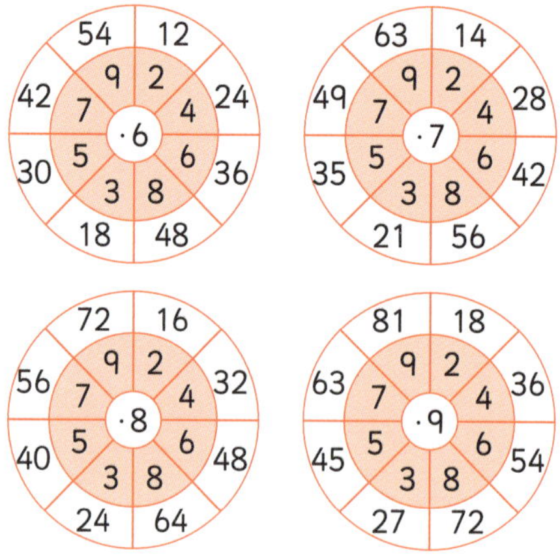

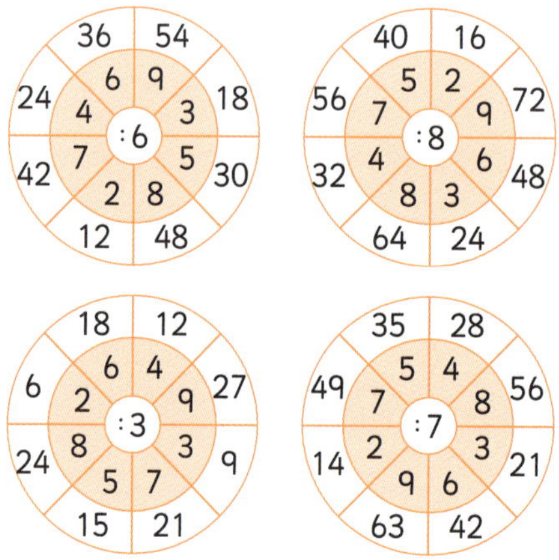

(Seite 6)

Hi Sarah! – Hi Linda!
Good morning Sally! – Good morning, Liz.
What's your name? – Tom.
How are you?– I'm fine, thanks.
Goodbye, Lisa. – Goodbye, Max.
What's your name? – I'm Jill.

I'm fine, thanks.
How are you Max?
What's your name?

Super

(Seite 7)

Wörter mit chs: Wachs, wachsen, Lachs, Eidechse, sechs, Ochse, Dachs, Fuchs, Achsel
Wörter mit cks: Klecks, Knicks
Wörter mit ks: Keks, Koks, links
Wörter mit x: Alexandra, Nixe, boxen, Axt, fix, Hexe, Felix, Max

---

Wörter mit s: Gras, Glas, Haus, los
Wörter mit ß: Straße, groß, Fuß, Gruß, gießen, weiß, Strauß, Spaß
Wörter mit ss: fressen, Gasse, Wasser, Schloss, müssen, Schluss, Tasse, nass

---

(Seite 10)

39 + 45 = 84
(+1) (−1)
40 + 44 = 84

168 + 25 = 193
(+2) (−2)
170 + 23 = 193

41 + 58 = 99
(−2) (+2)
39 + 60 = 99

72 − 34 = 38
(+6) (+6)
78 − 40 = 38

186 − 49 = 137
(+1) (+1)
187 − 50 = 137

96 − 58 = 38
(+2) (+2)
98 − 60 = 38

---

a) 69 + 25 = 70 + 24 = 94
76 + 28 = 74 + 30 = 104
139 + 46 = 140 + 45 = 185

b) 95 − 38 = 97 − 40 = 57
127 − 99 = 128 − 100 = 28
259 − 63 = 266 − 70 = 196

c) 37 + 59 = 36 + 60 = 96
176 − 68 = 178 − 70 = 108
219 + 76 = 220 + 75 = 295

(Seite 11)

1 2 3 4 5 6 7 8 9 10

---

three pink apples; seven black apples; three blue apples; two yellow apples; six red apples; four orange apples

---

(Seite 12)

1. Haar, 2. Schnee, 3. Boot, 4. Beeren, 5. Fee, 6. leer, 7. Tee, 8. Beet

---

feurig – Feuer, bäuerlich – Bauer, säubern – sauber, feucht – anfeuchten, Häuschen – Haus

---

a) Mais, b) Laie, c) Mai, d) Kai, e) Hai, f) Mainz

(Seite 14)

a)
$$\begin{array}{r} 4712 \\ +\ 856 \\ +\ 2173 \\ \scriptstyle 111 \\ \hline 7741 \end{array}$$

b)
$$\begin{array}{r} 704 \\ +\ 1256 \\ +\ 2579 \\ \scriptstyle 111 \\ \hline 4539 \end{array}$$

---

a)
$$\begin{array}{r} 4215 \\ +\ 317 \\ +\ 48 \\ +\ 1057 \\ \scriptstyle 12 \\ \hline 5637 \end{array}$$

b)
$$\begin{array}{r} 3019 \\ +\ 79 \\ +\ 109 \\ +\ 1432 \\ \scriptstyle 12 \\ \hline 4639 \end{array}$$

---

a)
$$\begin{array}{r} 4125 \\ +\ 173 \\ +\ 892 \\ +\ 1708 \\ \scriptstyle 111 \\ \hline 6898 \end{array}$$

b)
$$\begin{array}{r} 821 \\ +\ 3710 \\ +\ 210 \\ +\ 1765 \\ \scriptstyle 21 \\ \hline 6506 \end{array}$$

c)
$$\begin{array}{r} 1251 \\ +\ 28 \\ +\ 108 \\ +\ 4205 \\ \scriptstyle 2 \\ \hline 5592 \end{array}$$

```
a)  2431     Du findest die          b)  3421
  + 1679     fehlenden Ziffern         +  976
  + 5207     so durch Ergänzen.        + 5432
     111                                  11
  ------                               ------
    9317                                 9829
```

7 + 1 = 8
→ 8 + [9] = 17
1 + 7 + 3 = 11
→ 11 + [0] = 11
1 + 2 + 6 = 9
→ 9 + [4] = 13
1 + 5 + 1 + 2 = [9]

```
c)  2781
  + 3872
  + 1567
     221
  ------
    8220
```

(Seite 15)

Kreuze Bild Nr. 3 an.

pencil sharpener; pencil; school bag; one; book; ruler; rubber; pencil case; glue stick
Lösungswort: schoolbag

(Seite 16)

Zwerge – Zwerg, wilder – wild, stärker – stark, bunter – bunt, Winde – Wind, Hefte – Heft, Räder – Rad, breiter – breit, ärger – arg

Burg – Burgen, Dieb – Diebe, Band – Bänder, Wald – Wälder, Schrank – Schränke, Hut – Hüte

das Band, die Burg, der Dieb, das Heft, der Hut, das Rad, der Schrank, der Wald, der Wind, der Zwerg

er schreibt, es geht, sie hält, er spielt

(Seite 17)

```
a)  7234       8137       6271
  - 4356     -  495     - 1350
     111         11          1
  ------     ------     ------
    2878       7642       4921
```

```
b)  2514       3214       4953
  -  946     - 2931     -  948
     111        11           1
  ------     ------     ------
    1568        283       4005

c)  2341       7921       4040
  - 1246     - 4302     -  149
      11          1        111
  ------     ------     ------
    1095       3619       3891
```

```
a)  7885     b)  4763     c)  5007
  - 5798       -  984       - 3218
      11          111          111
  ------       ------       ------
    2087         3779         1789
```

Alle Lösungen waren falsch.

```
a)  5810     b)  1843
  - 3247       -  768
      11           11
  ------       ------
    2563         1075
```

7 + 3 = 1[0]
1 + 4 + 6 = 1[1]
1 + 5 + 2 = 8
3 + 2 = [5]

(Seite 20)

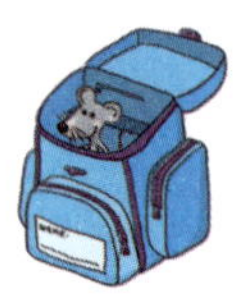
in

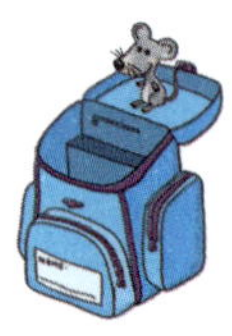
on

under

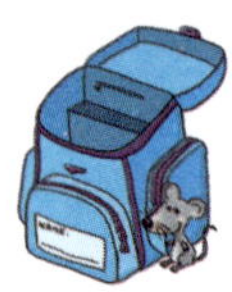
next to

in front of

behind

The desk is in front of the window. – right
The school bag is under the desk. – wrong
The book is in the school bag. – right

The door is next to the desk. – wrong
The chair is behind the door. – wrong
The pencil case is on the desk. – right

(Seite 21)

Grün unterstreichen: Leon, Vater, Stadt, Marokko, Marktplatz, Esel, Weg, Menschenmenge, Leon, Gedränge; **Rot unterstreichen:** Gassen, Blüten, Früchten, Gewürzen, Apfelsinen, Aprikosen, Datteln, Feigen, Jungen, Kisten, Köpfen, Geräuschen, Düften

das Haus – die Häuser, das Pferd – die Pferde, das Schloss – die Schlösser, die Birne – die Birnen, die Gans – die Gänse, der Tisch – die Tische, die Dose – die Dosen, der Delfin – die Delfine

Glück, Angst, Klugheit, Freude, Trotz, Hoffnung, Dummheit, Frechheit, Liebe

(Seite 22)

a) 2146 · 23
4292
6438
49358

b) 4743 · 86
5944
4458
63898

a) 7506
7322

b) 7560
18072

c) 6156
21280

a) 4025 · 26
8050
24150
104650

d) 7020 · 74
49140
28080
519480

a) 4253 · 15
4253
21265
63795

b) 2131 · 35
6393
10655
74585

(Seite 23)

(Seite 26)

malen, ich male, ich malte, ich werde malen; wandern, ich wandere, ich wanderte, ich werde wandern; schlafen, ich schlafe, ich schlief, ich werde schlafen

Der Turm ist höher als das Haus.
Der Ball ist dicker als der Luftballon.
Die Nadel ist spitzer als der Bleistift.

Mein Vetter ist so listig wie ein Fuchs. Meine Mutter ist so fleißig wie eine Biene. Mein Vater ist so stark wie ein Bär.

(Seite 27)

6152		
– 4000	→	**1000**
2152		
– 2000	→	+ **500**
152		
– 120	→	+ **30**
32		
– 32	→	+ **8**
0		**1538**

6152 : 4 = 1538

```
a) T H Z E            T H Z E
   8 5 2 6  :  6  =   1 4 2 1
   6
   2 5
   2 4
     1 2
     1 2
       0 6
         6
         0
```

```
b) T H Z E            T H Z E
   6 7 8 0  :  4  =   1 6 9 5
   4
   2 7
   2 4
     3 8
     3 6
       2 0
       2 0
         0
```

```
c) T H Z E            T H Z E
   6 1 5 2  :  4  =   1 5 3 8
   4
   2 1
   2 0
     1 5
     1 2
       3 2
       3 2
         0
```

```
d) T H Z E            T H Z E
   6 3 4 9  :  7  =     9 0 7
   6 3
     0 4
       0
       4 9
       4 9
         0
```

(Seite 29)

She is my father's mother. She is my grandma.
He is my mother's brother. He is my uncle.
She is my mother's sister. She is my aunt.
She is my brother's sister. She is my sister.
He is my father's father. He is my grandpa.

(Seite 30/31)

Das Flugzeug landete pünktlich.
Schnell gingen Hanni und Fred zum Supermarkt.
Auf dem Baum sitzt eine Katze.

Opa Theo liegt lange im Liegestuhl.
Im Liegestuhl liegt Opa Theo lange.
Lange liegt Opa Theo im Liegestuhl.

Im Gartenhäuschen sucht sie eine Schere.
Mit der Schere schneidet sie einige Blumen ab.
Die Blumen bringt sie schnell ins Haus.
Im Zimmer stellt sie diese in eine Vase.
Die Vase mit den Blumen zeigt sie ihrer Oma.

Drei Boote fahren über den See.
Über den See fahren drei Boote.

Auf dem Hof spielen mehrere Jungen.
Mehrere Jungen spielen auf dem Hof.

(Seite 32)

a) 12 000 ml
20 000 ml
3 000 ml

b) 10 l
2 l
25 l

c) 250 ml
750 ml
1 500 ml

d)

l	ml	Kommaschreibweise
5	300	5,300 l
8	250	8,250 l
	250	0,250 l
1	500	1,500 l
	800	0,800 l

a) 0,100 l
6,200 l
3,500 l

b) 250 ml = 0,250 l
750 ml = 0,750 l
1 250 ml = 1,250 l

a) 1 250 ml + 1 500 ml + 700 ml = 3 450 ml = 3,450 l; Antwort: Das sind 3,450 l.

b) 5 000 ml – 3 450 ml = 1 550 ml = 1,550 l
Antwort: Es bleiben 1,55 l im Kanister.

(Seite 33)

(Seite 34)

a) Ina steht oft mit dem linken Fuß zuerst auf.
b) Das kann ja heiter werden.
c) Geteilte Freude ist doppelte Freude.
d) Jonas weiß, wo es lang geht.
e) Sina geht ein Licht auf.
f) Wer zuletzt lacht, lacht am besten.

a) Geteilte Freude ist doppelte Freude.
b) Ina steht oft mit dem linken Fuß zuerst auf.
c) Jonas weiß, wo es lang geht.
d) Das kann ja heiter werden.
e) Wer zuletzt lacht, lacht am besten.
f) Sina geht ein Licht auf.

(Seite 35)

a)	b)	c)	d)
5,40 €	7,10 €	9,60 €	4,20 €
6,00 €	8,95 €	7,20 €	6,50 €

a)
```
  1 427 ct            45 ct
+ 1 935 ct     +   1 127 ct
+    84 ct     +  14 525 ct
---------      -----------
  3 446 ct        15 697 ct
= 34,46 €      =  156,97 €
```

b)
```
  853 127 ct      119 530 ct
–  65 334 ct   –   86 745 ct
-----------    -----------
  787 793 ct       32 785 ct
= 7 877,93 €   = 1 327,85 €
```

c)
```
1 2 4 8 · 3 7        9 7 · 4 5
-------------        ---------
  3 7 4 4            3 8 8
    8 7 3 6            4 8 5
-------------        ---------
  4 6 1 7 6 ct       4 3 6 5 ct
= 461,76 €           = 43,65 €
```

d)
```
2 1 3 8 4 : 8 = 2 6 7 3 ct
1 6                = 26,73 €
  5 3
  4 8
    5 8
    5 6
      2 4
      2 4
        0
```

```
5 6 1 6 0 : 6 = 9 3 6 0 ct
5 4                = 93,60 €
  2 1
  1 8
    3 6
    3 6
      0 0
        0
        0
```

a)
```
   24,56 €        425,10 €
+  19,08 €     +   86,45 €
+   5,66 €     +    0,75 €
---------      ---------
   49,30 €        512,30 €
```

b)
```
  132,75 €        374,38 €
–  81,54 €     –  147,16 €
---------      –    8,35 €
   51,21 €     ---------
                  218,87 €
```

a) 1. Supermarkt:
```
  0,86 €
+ 1,19 €
+ 2,18 €
--------
  4,23 €
```

Antwort: Im ersten Supermarkt müsste sie 4,23 € bezahlen.

b) 2. Supermarkt:

```
  0,89 €
+ 1,05 €
+ 2,07 €
--------
  4,01 €
```

Antwort: Im zweiten Supermarkt müsste sie 4,01 € bezahlen.

c) Ersparnis: 4,23 € – 4,01 € = 0,22 €
Antwort: Sie kann 0,22 € sparen.

(Seite 37)

bread; cucumber; tea; sandwich; milk; coffee; pear; cheese; tomato
Lösungswort: breakfast

(Seite 38/39)

1) In der Steinzeit ..., 2) Vor 4000 Jahren ..., 3) vor ungefähr 2000 Jahren ..., 4) Im Mittelalter ..., 5) Heute können ...

markieren: 1) Steinzeit, 2) 4000 Jahren, 3) 2000 Jahren, 4) Mittelalter, 5) Heute

1) Hütten, 2) Pyramiden, Tempelanlagen, 3) Tempel, Schwimmbäder, Häuser, 4) Burgen, Kirchen, 5) Wohn- und Bürogebäude

die Hütte, die Pyramide, die Tempelanlage, der Tempel, das Schwimmbad, das Haus, die Burg, die Kirche, das Wohngebäude, das Bürogebäude

A – 2, B – 3, C – 5, D – 1, E – 4

a) nein, b) ja, c) ja, d) nein, e) nein

(Seite 40)

a) 12847 km – 12533 km = 314 km
A: Am ersten Tag hat er 314 km zurückgelegt.

km täglich

```
  314 km
+ 273 km
+ 756 km
+ 355 km
+ 874 km
--------
 2572 km
```

b) Antwort: 2572 km ist er in der Woche gefahren.
Du kannst auch so rechnen:
15105 km – 12533 km = 2572 km

a) 76 km + 76 km + 68 km + 68 km = 288 km
Antwort: Der kürzeste Weg ist A-B-A-C-A.
b) 68 km + 112 km + 112 km + 68 km = 360 km
Antwort: Der Weg A-C-E-A ist 360 km lang.
c) 76 km + 231 km + 215 km = 522 km
A: Die Strecke A-B-D-A ist 522 km lang.
d) 68 km + 112 km + 126 km + 215 km = 521 km
A: Die Strecke A-C-E-D-A ist 521 km lang.
e)

```
  288 km
+ 360 km
+ 522 km
+ 521 km
--------
 1691 km
```

Antwort: Herr Huber ist an den 4 Tagen 1691 km gefahren.

(Seite 41)

Botschaft: THE WEATHER WILL BE SUNNY

T	**C**	**L**	**O**	**U**	**D**	**Y**	L	**S**	**U**	**N**	**D**	**A**	**Y**
U	J	**T**	G	D	W	**S**	**A**	**T**	**U**	**R**	**D**	**A**	**Y**
E	O	**H**	F	Y	**S**	V	C	**O**	B	M	T	S	I
S	R	**U**	E	I	**U**	G	**F**	**R**	**I**	**D**	**A**	**Y**	G
D	T	**R**	O	P	**N**	X	D	**M**	K	L	B	C	H
A	W	**S**	**M**	**O**	**N**	**D**	**A**	**Y**	C	H	W	T	Z
Y	Z	**D**	U	A	**Y**	M	J	R	**F**	**O**	**G**	**G**	**Y**
Q	P	**A**	S	B	H	K	D	I	P	R	S	E	F
K	J	**Y**	T	I	**W**	**E**	**D**	**N**	**E**	**S**	**D**	**A**	**Y**
W	T	X	B	H	**I**	K	L	R	V	**N**	P	C	T
A	Y	Z	K	D	**N**	M	B	R	T	**O**	K	L	S
H	T	S	I	K	**D**	G	F	E	L	**W**	I	Y	R
S	**R**	**A**	**I**	**N**	**Y**	J	L	W	T	**Y**	F	R	Z

(Seite 42)

unterstreichen: a) an einem Berghang
b) indem er immer wieder hochsprang
c) die Beeren nicht erreichen
d) sie sowieso viel zu sauer seien

a) wie ein Mensch, b) Babrios

(Seite 43)

a)

Sekunden
180 s
300 s
600 s
480 s

b)

Sekunden
60 s
30 s
15 s
45 s

c)

Minuten
4 min
2 min
8 min
10 min

d) Diese Umrechnungen sind etwas schwierig, weil jeweils 2 Zeiteinheiten auftauchen.
Die Umwandlung von 100 s in Minuten und Sekunden solltest du so ausführen:
100 Sekunden : 60 =
1 Minute + 40 Sekunden als Rest,
also 100 s = 1 min 40 s

150 s = 2 min 30 s
210 s = 3 min 30 s
240 s = 4 min

e) 2 min 10 s kannst du so in Sekunden umwandeln: 2 min = 2 · 60 s = 120 s
2 min 10 s = 120 s + 10 s = 130 s

3 min 20 s = 200 s
5 min 8 s = 308 s
4 min 25 s = 265 s

Auch beim Rechnen mit Zeitspannen muss man erst alle Maße in die gleiche Einheit umwandeln. Beim Addieren ist es häufig einfacher, die Einheiten getrennt zu addieren und hinterher umzuwandeln.
Beispiel: 3 min 16 s + 4 min 50 s =
7 min + 66 s = 8 min 6 s

Dieses Vorgehen ist aber nur bei Additionen sinnvoll. Bei Subtraktionen verrechnet man sich zu leicht. Dort solltest du immer vor der Rechnung umwandeln.

a) 95 s = 1 min 35 s
104 s = 1 min 44 s
75 s + 50 s = 125 s = 2 min 5 s
180 s = 3 min

b) 85 min = 1 h 25 min
70 min = 1 h 10 min
152 min + 50 min = 202 min = 3 h 22 min
225 min = 3 h 45 min

c) 80 s – 35 s = 45 s
85 s = 1 min 25 s
155 s = 2 min 35 s
95 s = 1 min 35 s

d) 130 min – 50 min = 80 min = 1 h 20 min
45 min
105 min = 1 h 45 min
50 min

(Seite 46/47)

a) windy, b) rainy, c) snowy,
d) sunny, e) foggy, f) cloudy

cloudy, rainy, snowy, sunny, windy, foggy

1. spring 2. summer 3. autumn 4. winter

summer|cloudy|rainy|winter|spring|snowy|
sunny|foggy|autumn|windy

(Seite 48/49)

Einleitung: Vor drei Jahren ... meiner Eltern;
Hauptteil: Nachdem es ... prasselte vom Himmel;
Schluss: Wir waren froh ... wieder auf.

Vor dem Schluss: * Wir waren froh, als wir ...;
Es fehlt der Höhepunkt.

Unterstreichen: Was ist mit dem Zelt passiert? Gab es ein Loch oder einen Riss im Zelt? Hatten sie große Angst? Haben sie um Hilfe gerufen? War es schwierig, das Zelt zu verlassen? Wenn ja, warum? Sind die Kinder im Schlaf überrascht worden?

Beispiel: Plötzlich packte eine Sturmböe unser Zelt und riss es um. Wir schrien vor Schreck laut auf. Da kamen schon unsere Eltern angerannt. „Nicht aufregen, Kinder!“, rief mein Vater. „Ich hebe jetzt die Plane hoch, dann könnt ihr vorsichtig herauskrabbeln.“

a), b), d), e) und f) sind richtig.
Lösungswort: Wagen

(Seite 50)

Beachte, dass eine Stunde 60 Minuten hat. Du musst deshalb zunächst auf 60 Minuten ergänzen. Beispiel: 8.15 Uhr → 9.35 Uhr
Rechne so: 60 min – 15 min = 45 min
45 min + 35 min = 80 min = 1 h 20 min
oder so: 8.15 Uhr → 9.15 Uhr = 1 h
9.15 Uhr → 9.35 Uhr = 20 min
also: 1 h 20 min

a) 15 min	b) 1 h 10 min
1 h 35 min	20 min
1 h 5 min	2 h 5 min

Wochenvorschau: 30 min, Weltumsegelung: 45 min, Septimus Siebensohn: 30 min, Poga 1104: 45 min

Fahrzeiten:
RE 798: 1 h 17 min = 77 min
RE 516: 1 h 16 min = 76 min
RE 714: 1 h 12 min = 72 min
RE 614: 1 h 16 min = 76 min
RE 512: 1 h 17 min = 77 min

(Seite 52)

1 Easter egg, 2 Easter bunny, 3 hop, 4 grass, 5 basket, 6 flower

(Seite 53)

a) Simon hat den Brief geschrieben.
b) Das schreibt Simon nicht.
c) Das schreibt er auch nicht.

a) ja, b) ja, c) nein, d) ja, e) nein, f) ja, g) ja

(Seite 54)

5,400 t > 0,540 t > 54 kg > 5 400 g > 0,540 kg

Solltest du Schwierigkeiten beim direkten Größenvergleich haben, so wandle alle Größen in dieselbe Einheit (kg) um.
5400 kg > 540 kg > 54 kg > 5,4 kg > 0,54 kg

a) 32 kg = 32000 g
1,8 kg < 18000 g
0,350 kg < 3500 g

b) 1,250 t > 125 kg
0,540 t > 54 kg
4,125 t = 4125 kg

c) 250 kg = $\frac{1}{4}$ t
3500 kg = 3,5 t
17000 kg > 1,7 t

a) 250 g + 125 g + 500 g + 135 g = 1010 g = 1,010 kg; A: Das Päckchen wiegt 1 kg 10 g.

b) 2000 g – 1010 g = 990 g
A: Es könnten noch 990 g zugepackt werden.

a) 375 g + 1280 g + 425 g + 820 g = 2900 g = 2,900 kg; Antwort: Martin muss 2,9 kg tragen.

b) 280 g + 425 g + 820 g
= 1525 g = 1,525 kg oder
2900 g – 375 g – 1000 g =
= 1525 g = 1,525 kg
Antwort: Der Rucksack wiegt jetzt 1,525 kg.

a)
81,750 kg
\+ 65,800 kg
\+ 925,000 kg
\+ 77,000 kg
1149,550 kg

Antwort: Die Kisten wiegen insgesamt 1149,550 kg.

b)
1500,000 kg
– 1149,550 kg
350,450 kg

Antwort: Es könnten noch 350,450 kg zugeladen werden.

(Seite 55)

Farm: pig, hen, horse, duck, goose, sheep, cow
Zoo: zebra, giraffe, monkey, lion, crocodile, tiger, penguin

Kreuze Bild Nr. 2 an.

(Seite 58)

a) Unwahrscheinlich, da nur jedes 4. Los gewinnt.
b) wahrscheinlich
c) Sicher, da noch 25 Lose übrig sind. Davon sind nur 5 Nieten und 20 Gewinnlose. Beim Kauf von 10 Losen würdest du mindestens 5 Gewinnerlose ziehen.

a) Nein, man gewinnt nicht sicher einen Preis, da bei 50 Losen und 15 Preisen nur jedes vierte Los ein Gewinn ist.
b) Er hat unrecht. Denn nur jedes vierte Los ist ein Preis. Das heißt aber nicht, dass man auch bei jedem vierten Los sicher gewinnt. Man kann auch Pech haben und vier Nieten ziehen.
c) 2 € = 20 Lose, da 200 ct : 10 ct = 20 Lose
Oskar hat 20 Lose gekauft. Das waren alles Nieten, es bleiben noch 30 Lose übrig.
10 Lose möchte er noch kaufen und es sind noch alle 15 Preise zu gewinnen.
Das heißt, jedes zweite Los ist ein Preis (30 Lose : 15 Preise = 2). Damit ist es wahrscheinlich, dass er einen Gewinn zieht.

(Seite 59)

spider|ghost|
pumkin|bat|witch|
skeleton|spooky|
costume|broom

ghos<u>t</u>, <u>b</u>at,
<u>p</u>umpki<u>n</u>, <u>s</u>keleto<u>n</u>

(Seite 60)

a) und b) Bei Saras Beschreibung kann ich mir Lena besser vorstellen, weil die Beschreibung viel ausführlicher ist.

Größe: so groß wie Anni, **Gesicht:** schmal mit kleinem Mund, Grübchen beim Lachen; **Haare:** rot, lockig; **Augen:** braun; **Kleidung:** blaue Jeans und bunte Pullis; **Verhalten:** lacht gern; **Hobbys:** fährt gerne Fahrrad; **Besonderheiten:** spielt Klavier, läuft schnell, isst gerne Eis

(Seite 61)

a) **Unterstreiche:** hinzufügt für +, dreimal für ·
97 + 53 = 150; 150 · 3 = 450;
150 + 450 = 600
Antwort: Das Puzzle besteht aus 600 Teilen.

b) **Unterstreiche:** verteile für :, reduziert für –
96 : 3 = 32; 32 – 17 = 15
Antwort: Inga hat recht.

Unterstreiche: verteilt für : ; 116 : 4 = 29
Antwort: Frau Schneider hat 29 Kinder in ihrer Klasse.

Unterstreiche: fünfmal für · ; 55 · 5 = 275
Antwort: Es werden 275 Radmuttern benötigt.

Unterstreiche: neunmal für ·
40 000 km · 9 = 360 000 km
Antwort: Der Mond ist von der Erde etwa 360 000 km entfernt.

(Seite 62)

(Seite 64)

Kreuze Text b) an.
738 kg · 17 = 12 546 kg
Antwort: Die gesamte Ladung wiegt 12 546 kg.

Nicht vier, sondern fünf Lottospieler teilen sich ihren Gewinn von 2 795 €.
2 795 € : 5 = 559 €
Antwort: Jeder Spieler bekommt 559 €.

Durchzustreichen sind: ausgegeben, verloren, mietet, kann, singt
6 067 € – 4 250 € + 810 € = 2 627 €
Antwort: Es bleiben Herrn Meyer noch 2 627 €.

(Seite 65)

Kreise ein: blue, sandwich, duck, milk

(Seite 68)

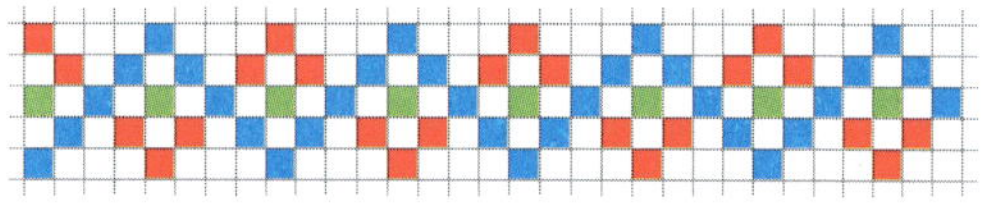

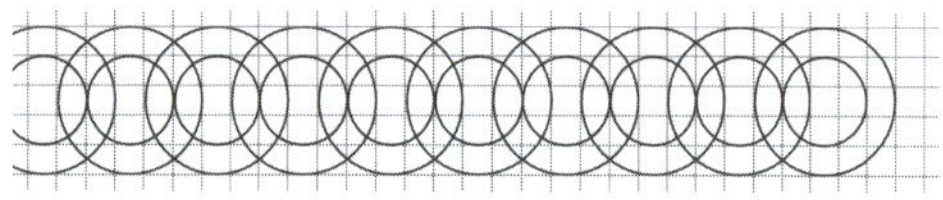

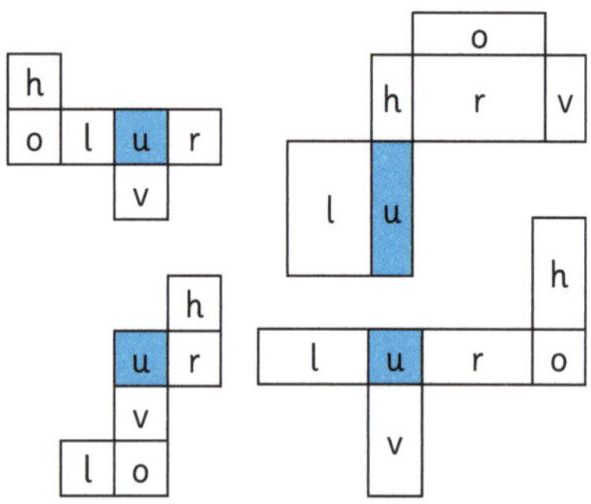